Barbara van Melle

das schöner leben kochbuch

Barbara van Melle über dieses Kochbuch

Eines zuerst: Ich koche für mein Leben gern. Kochen hat mein Leben bereichert – und das, seit ich denken kann.
So wie die Liebe bekanntlich durch den Magen geht, gehen viele meiner Kindheitserinnerungen durch die Nase. Der Geruch frisch gebackenen Milchbrotes – der Duft nach Vanille, warmer Butter und Zitronenschale, der sich durchs ganze Haus zieht, erinnert mich noch heute an verschneite Nachmittage beim Puppenspielen.
Meine Liebe zum Kochen habe ich meiner Mutter zu verdanken – sie hat dieses Fundament gelegt. Sie war eine wunderbare Köchin, eine Powerfrau – hätte es diesen Ausdruck damals schon gegeben. Sie war überzeugt davon, dass Frauen finanziell selbstständig und unabhängig sein müssen und hat mich auch so erzogen. Als Dentistin hat sie ihre Praxis geführt und trotzdem jeden Tag ein herrliches Essen auf den Tisch gebracht.
Sie hat mir nicht nur die Liebe zum Kochen, sondern auch die Leidenschaft für großartige Lebensmittel mitgegeben.
Leberwürste hat sie selbst gemacht, Marillenmarmelade nur aus den reifsten Früchten der ältesten, knorrigsten Bäume gekocht, und die ersten Klaräpfel im Herbst hat sie in herrliche Nachspeisen verwandelt.
Dieses kulinarische Erbe trage ich in mir. Ich bin keine ausgebildete Köchin, ich bezeichne mich nicht als Gourmet und habe keinerlei professionelle Expertise auf diesem Gebiet zu bieten. Meine Qualifikation liegt in der Leidenschaft – für das Kochen und die Produkte.
Das Kochen habe ich mir zum überwiegenden Teil selbst beigebracht – vieles nach der Methode: Versuch und Irrtum. Aber das gehört dazu – man muss beim Kochen den Mut entwickeln, sich nicht sklavisch an ein Rezept zu halten.
Erlaubt ist, was gut schmeckt. Und der Geschmack allein ist es, der zählt.
Meine Küche ist von einem Prinzip bestimmt: Ich liebe großartige, herausragende Produkte und einfache, nachkochbare Rezepte.
Das ist für mich Luxus – und damit meine ich nicht Kaviar, Hummer und Trüffel. Der wahre Luxus liegt in der Einfachheit, in der Wiederentdeckung des Geschmacks, in der Sortenvielfalt dieser Erde. „Erdäpfel wie damals“ gibt es heute wieder auf den Märkten – Österreichs Produzentinnen und Produzenten haben einiges zu bieten. In vielen Supermärkten kann man wunderbare Bio-Äpfel kaufen und zunehmend mehr Gärtnereien führen Saatgut, durch das es möglich wird, alte in Vergessenheit geratene Gemüsesorten anzubauen.
Die Rezepte in diesem Buch habe ich nicht eigens dafür kreiert. Es sind ganz einfach Rezepte, die ich koche – für meine Familie und Freunde. Viele dieser Gerichte habe ich bereits in meiner TV-Sendung „Schöner leben“ gekocht, und die große Resonanz der Zuseherinnen und Zuseher war dafür ausschlaggebend, ein *schöner leben kochbuch* zu schreiben.
Zum Nachlesen, Schmökern und Genießen – und natürlich zum Kochen.

Ein A la Carte-Kochbuch im D+R Verlag

Herausgeber: **Christian Grünwald**
Text: **Barbara van Melle**
Fotos: **Luzia Ellert**
Konzept und Redaktion: **Uschi Korda**
Art Direktion: **Uschka Jeschko**

Reproproduktion: **Repromedia, 1110 Wien**
Druck: **Ueberreuter Print und Digimedia, 2100 Korneuburg,** Printed in Austria

Hersteller: **D+R Verlag, A-1110 Wien, Leberstraße 122**
Telefon: +43/1/740 77-0, www.alacarte.at; www.dundr.at

EDITION A LA CARTE

ISBN 3-902469-02-1

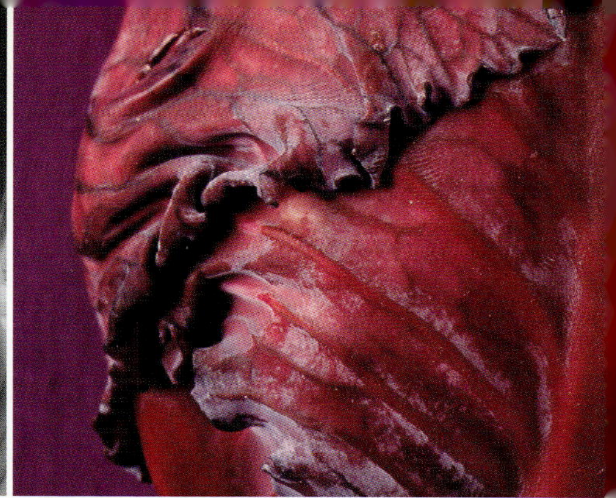
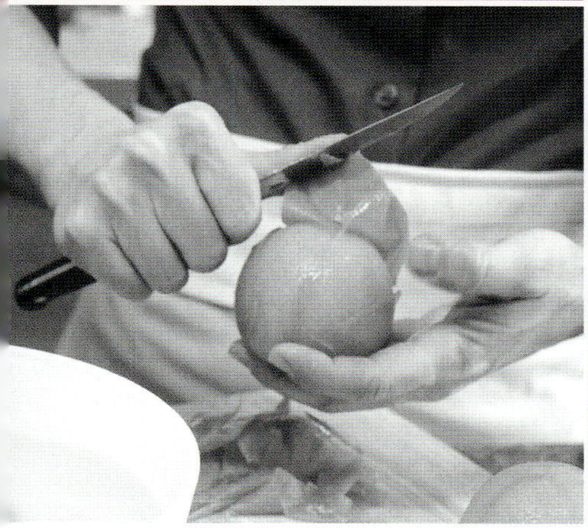

Inhalt

Rezepte

Kochen im Alltag

die schnelle Küche

Meine Alltagsküche ist von einem Prinzip geprägt: Es muss schnell gehen. In den seltensten Fällen habe ich mehr als eine Stunde Zeit zum Kochen, oft genug weniger. Aber es gibt wirklich jede Menge Gerichte, die diesem Prinzip gerecht werden. Im Alltag habe ich oft nicht nur wenig Zeit, sondern auch wenig Ruhe zum Kochen. Manchmal geht es sogar ziemlich chaotisch zu, wenn ich während des Kochens Hausaufgaben verbessere, Playmobil-Ritter zusammenbaue oder berufliche Telefonate erledige. Da bin ich dann ganz schön gefordert, damit selbst das simpelste Gericht nicht zum Desaster gerät.

Meine Grundphilosophie kennen Sie bereits: Die Qualität der Lebensmittel ist das Wichtigste. Als überzeugter Bio-Fan bin ich glücklich darüber, dass Österreich das Land in Europa mit den meisten Bio-Bauern ist und dass ich Bio-Produkte in fast jedem Supermarkt kaufen kann.

Es wird Ihnen vermutlich auffallen, dass in meiner Alltagsküche traditionelle österreichische Fleischgerichte nicht gerade Fixstarter sind. Das hat einen einfachen Grund – bis auf meinen Mann sind wir alle keine ausgesprochenen Fleischtiger. Wir essen alle gerne Gemüse (sogar die Kinder!) und deshalb koche ich Fleisch höchstens zweimal pro Woche. Aber wenn, dann wirklich hervorragendes – aus artgerechter Tierhaltung.

Für diese Entscheidung sind der bessere Geschmack und meine Erfahrungen als Journalistin verantwortlich. Ich habe als Fernsehredakteurin der ORF-Wissenschaftsredaktion viele Berichte zum Thema Tiertransporte und Massentierhaltung gedreht. Was ich dabei gesehen und erlebt habe, hat mich zur bewussten Konsumentin gemacht. Fleisch aus Bio-Betrieben ist teurer, da mache ich Ihnen gar nichts vor. Aber es ist eine Einstellungssache, und wenn man Fleisch nicht täglich isst, finde ich, dass die höheren Kosten durchaus vertretbar sind. Ganz abgesehen vom enormen Genuss, den Ihnen diese Produkte bieten.

Alle Suppen benötigen als Basis Gemüsesuppe. Natürlich kann man die selbst herstellen, aber nicht in der schnellen Küche. Ich werde Ihnen jetzt nicht wie eine Spitzenköchin aufwändige Rezepte für Gemüsesuppen liefern. Im Haushalt kocht man anders, das ist ganz normal. Deshalb schwöre ich auf Bio-Produkte, die frei von Glutamat, Antioxidantien, künstlichen Aromastoffen und anderen chemischen Zusätzen sind und die Sie in fast jedem Supermarkt bekommen.

Alle Rezepte aus der Alltagsküche für 4 Personen

Erdäpfelsuppe

Suppen sind etwas Herrliches – ich koche sie am liebsten in der kalten Jahreszeit und dann aus Gemüse. Man kann sie auf Vorrat zubereiten und das hat immer Vorteile. Zum Beispiel wenn die Kinder aus der Schule kommen, ist zumindest ein Teller warmer Suppe schnell auf dem Tisch. Ich koche gerne Gemüsesuppen und danach eine traditionelle österreichische Mehlspeise – wieder eine dieser Kindheitserinnerungen. Zudem sind sie extrem schnell gekocht.
Alle Suppen benötigen als Basis Gemüsesuppe. Natürlich kann man sie selbst herstellen, aber nicht in der schnellen Küche. Da nehme ich Bio-Gemüsesuppenwürfel oder -granulat aus dem Supermarkt.

400 g fest kochende Erdäpfel
1 Zwiebel (ca. 100 g)
50 g Karotten
50 g Sellerie
30 g getrocknete Steinpilze
4 EL Pflanzenöl
2 Knoblauchzehen, gepresst
2 EL Mehl
1,25 l Bio-Gemüsesuppe
1 TL Majoran
Salz, schwarzer Pfeffer
$\frac{1}{2}$ TL Honigessig
$\frac{1}{4}$ l Sauerrahm

Erdäpfel schälen, waschen, in ca. 1 cm große Würfel schneiden. Zwiebel, Karotte und Sellerie schälen, in kleinere Würfel schneiden. Steinpilze in wenig Wasser einweichen.
In einem Topf das Öl erhitzen, Zwiebel und Knoblauch darin glasig anschwitzen. Karotten und Sellerie einmischen. Kurz mitrösten – jetzt mit Mehl stauben. Achtung, das kann eine trockene Angelegenheit werden, also schnell rühren und sofort mit Gemüsesuppe aufgießen. Ungefähr 5 Minuten lang kochen, jetzt Erdäpfelwürfel dazugeben.
Steinpilze ausdrücken, klein schneiden und dazugeben. Ich verwende das Einweichwasser nicht, weil es oft muffig riecht. Mit Majoran, Salz, schwarzem Pfeffer aus der Mühle und Honigessig würzen. Wenn Sie frische Kräuter zur Hand haben – frischer Majoran oder frische Thymianzweige geben der Suppe ein großartiges Aroma.
Erdäpfel kernig kochen. Jetzt den Sauerrahm glatt rühren: Nehmen Sie einen großen Schöpfer der heißen Suppe – rühren Sie diese unter den Sauerrahm und nun das Ganze in den Suppentopf. Auf diese Weise flockt der Sauerrahm sicher nicht aus.

Sie können zu Beginn mit der Zwiebel auch 100 g durchwachsenen Speck mitrösten.

Über die Erdäpfel die tollen Knollen

Wissen Sie, was mich begeistert? Erdäpfel gekocht mit Butter und Salz – das ist für mich Genuss. Erdäpfel, die „wie früher" schmecken – die Kindheitserinnerungen wecken. Erdäpfel gehören zu den vielfältigsten Lebensmitteln überhaupt – diese unscheinbaren Knollen mit dem fantastischen Innenleben.

Wie bei vielen Pflanzen sind uns durch die industrialisierte Landwirtschaft die Sorten und dadurch der Geschmack verloren gegangen.

Wir haben uns daran gewöhnt, dass wir gerade einmal zwischen „Runden" und „Speckigen" unterscheiden können – so als würde es nur zwei Erdäpfelsorten auf dieser Erde geben. Eigentlich ein Trauerspiel, denn weltweit gibt es rund 4.000 verschiedene Sorten, die sich in Form, Farbe und vor allem Geschmack außerordentlich voneinander unterscheiden. Erdäpfel gehören heute zu den wichtigsten Grundnahrungsmitteln unseres Planeten, ihr Ursprung liegt tausende von Jahren zurück, in den Anden Südamerikas, wo sie auch heute noch in zahlreichen Wildformen vorkommen.

In Österreich haben Erdäpfel in den vergangenen Jahrzehnten, wie in ganz Europa, zunehmend an Bedeutung verloren. Der Erdäpfelabsatz ist in den letzten 40 Jahren um fast die Hälfte zurückgegangen. Ungerechterweise wurden sie als Dickmacher verpönt und sind in Misskredit geraten. Dabei sind sie nährstoffreich, kalorienarm und überaus gesund. So werden sie nicht zu Unrecht auch Zitronen des Nordens genannt, weil sie soviel Vitamin C wie Südfrüchte enthalten.

Doch es gibt einen erfreulichen Trend: Während Erdäpfel aus konventionellem Landbau massive Absatzeinbrüche erleben, verzeichnen Erdäpfel aus biologischem Landbau einen wirtschaftlichen Höhenflug.

Immer mehr Menschen besinnen sich auf den Geschmack und glücklicherweise gibt es in Österreich auch leidenschaftliche Produzentinnen und Produzenten, die sich auf den Anbau alter, rarer Sorten spezialisieren. Wie zum Beispiel die Bio-Bäuerin Marion Aigner aus Porrau in Niederösterreich, die ihre Raritäten jeden Samstagvormittag auf dem Kutschkermarkt in Wien-Währing verkauft. Und deshalb gibt es sie wieder, die seltene, blaufleischige *Trüffelkartoffel* oder die *Naglerner Kipfler* – die Salatsorte schlechthin – oder die mehligen *Mühlviertler* – eine der besten Sorten für Erdäpfelteig. Dieser Sortenvielfalt – diesen Erdäpfeln – soll die Zukunft gehören.

Minestrone

Wenn man nicht das Bedürfnis hat, sich sklavisch an Rezepte zu halten, ist Minestrone eine der wandlungsfähigsten Gemüsesuppen. Abgesehen davon ist diese Suppe eine vollwertige Mahlzeit. Ich verwende natürlich Gemüse der Saison und manchmal ganz einfach das Gemüse, das im Kühlschrank übergeblieben ist.

3 EL Olivenöl
1 Zwiebel, fein geschnitten (ca. 100 g)
150 g Erdäpfel, geschält, in Würfel geschnitten
1 Knoblauchzehe, gepresst
150 g Karotten, geschält, in dünne Scheiben geschnitten
150 g Stangensellerie, putzen, in kleine Stücke geschnitten
1 EL Paradeismark
1 Lorbeerblatt
1,25 l Bio-Gemüsesuppe
100 g Zucchini, in kleine Würfel geschnitten
1 Paradeiser, enthäutet und in Würfel geschnitten
50 g Bohnen
Salz
schwarzer Pfeffer
eventuell 1 Bio-Gemüsesuppenwürfel
70 g Teigwaren (z. B. kleine Muscheln)
geriebener Parmesan

Olivenöl in einem Topf erhitzen, Zwiebel darin glasig rösten. Erdäpfel, Gemüse – bis auf die Zucchini und Paradeiser –, Paradeismark und Lorbeerblatt zugeben und kurz mitrösten. Mit soviel Bio-Gemüsesuppe aufgießen, bis das Gemüse bedeckt ist. Weich kochen – das dauert rund 15 Minuten. Dann die Zucchini und die Paradeiser, die eine kürzere Kochzeit haben, zugeben und nochmals 5 Minuten kochen. Wenn Sie Bohnen aus der Dose verwenden, geben Sie sie kurz vor Ende der Kochzeit dazu. Verwenden Sie getrocknete Bohnen, weichen Sie die Bohnen über Nacht ein, gießen das Einweichwasser ab und kochen die Bohnen von Anfang an mit.
Wenn das Gemüse weich ist, würzen Sie mit Salz und Pfeffer – Sie können auch 1 Bio-Gemüsesuppenwürfel zugeben.
Teigwaren nach Anleitung kochen und in die Suppe geben. Stellen Sie geriebenen Parmesan auf den Tisch – ich finde ihn herrlich in der Minestrone.

Im Sommer koche ich frische Kräuter mit. Borretsch und Liebstöckel zum Beispiel. Aber lassen Sie ihrer Fantasie freien Lauf – auch gehackte Petersilie kurz vor dem Anrichten schmeckt wunderbar.

Paradeissuppe mit Orangen

Gerade an einem kalten Wintertag kann diese Suppe den Geruch des Sommers ins Haus holen. Im Winter koche ich Paradeissuppe ausschließlich aus passierten Paradeisern, die in Flaschen abgefüllt sind. Im Supermarkt gibt es auch hervorragende Bio-Produkte. Das Aroma ist unvergleichlich, weil Paradeiser üblicherweise im Winter nicht nach viel mehr als Papiertaschentüchern schmecken, daraus lässt sich keine gute Suppe machen.

4 EL Pflanzenöl
1 mittelgroße Zwiebel
500 g passiertes Paradeisfleisch
400 ml Bio-Gemüsesuppe
2 EL Rohrzucker
Schale von $^{1}/_{2}$ Bio-Orange
Saft von 2 Bio-Orangen
Salz, weißer Pfeffer
$^{1}/_{8}$ l Sauerrahm

Öl erhitzen und klein geschnittene Zwiebel glasig anlaufen lassen. Dann Paradeisfleisch einmischen und mit der Suppe aufgießen. Die Menge der Suppe hängt vom Paradeisfleisch ab, das Sie verwenden. Manche Produkte brauchen mehr, manche weniger Flüssigkeit, um die richtige Konsistenz zu bekommen.
Rohrzucker und Orangenschale zugeben, aufkochen und 15 Minuten lang kochen lassen. Durch eine Flotte Lotte, oder ein Passiersieb, passieren. Orangensaft zugießen und mit Salz und weißem Pfeffer würzen.
Beim Anrichten jeweils 1 EL Sauerrahm in die Mitte des Tellers geben.

Im Sommer mache ich Paradeissuppe natürlich aus frischen, vollreifen Paradeisern. Interessant ist Paradeissuppe aus der Sorte „Green Zebra", das sind reife, aber grüne Paradeiser, die ich allerdings nur in meiner Lieblingsgärtnerei Bach im 22. Bezirk in Wien kaufen kann. Dann röste ich die Zwiebel an, gebe die gewaschenen, geviertelten Paradeiser dazu, gieße mit Wasser auf – Gemüsesuppe dazu – und koche die Paradeiser weich. Dann wird die Suppe passiert und abgeschmeckt.

Zucchinisuppe

Zucchinisuppe schmeckt nicht nur herrlich, sondern ist vor allem wunderbar einfach zu machen. Außerdem bekommt man heute schon fast das ganze Jahr über Bio-Zucchini im Supermarkt. Besonders gut sind ganz junge, möglichst kleine Zucchini. Wenn Sie Zucchini im Garten haben, lassen Sie sie nicht auf Monstergröße auswachsen – sie werden fasrig, speichern Wasser und verlieren ihr Aroma.

3 EL Olivenöl
1 kl. Zwiebel, in kleine Würfel geschnitten
1 Knoblauchzehe, gepresst
500 g Zucchini gewaschen, halbiert, in Scheiben geschnitten
1 l Bio-Gemüsesuppe
1 mehliger Erdapfel, geschält, in Scheiben geschnitten, oder 2 EL Mehl
Salz
weißer Pfeffer
1 Prise Currypulver
$^{1}/_{8}$ l Schlagobers

Olivenöl in einem Topf erhitzen, Zwiebel darin glasig anschwitzen. Knoblauch zugeben und mit den Zucchini kurz mitrösten. Mit Gemüsesuppe aufgießen. Erdapfel einmischen – er bindet die Suppe, weil sie sonst zu dünn werden würde. (Wenn Sie keinen Erdapfel zu Hause haben, können Sie auch 2 EL Mehl beigeben, wenn Sie die Zucchini anrösten.) Zucchini weich kochen, das dauert ca. 15 Minuten. Dann alles mit dem Pürierstab (ein unentbehrliches Küchengerät!) durchmixen. Mit Salz, Pfeffer und Currypulver würzen. Schlagobers zugießen und noch einmal aufkochen.

Ich serviere Zucchinisuppe gerne mit einem Löffel geschlagenen Obers und klein geschnittenem Räucherlachs.
Wenn Sie im Sommer Kapuzinerkresse im Garten haben – machen sich die orangen und gelben Blüten wunderbar als Dekoration und ihr pfeffriger Geschmack harmoniert ausgezeichnet mit den Zucchini.

Spargelcremesuppe

Ich bin eine Spargelliebhaberin – nein, ich bin süchtig nach Spargel. Ich fiebere dem Beginn der heimischen Spargelsaison entgegen wie Kinder ihrem eigenen Geburtstag. Und dann bin ich auch noch in der glücklichen Lage, dass sich am Biberhaufenweg im 22. Bezirk, ganz in meiner Nähe, der Verkaufsstand der Familie Brandenstein befindet. Ein Betrieb, der in Marchegg in Niederösterreich den herrlichsten Bio-Spargel produziert. Für die Suppe nehme ich so genannten Suppenspargel – oder Spargelbruch. Den dicken, fleischigen Solospargel esse ich lieber pur mit Salzerdäpfeln.

700 g weißer Spargel
30 g Butter
20 g Mehl
1 l Bio-Gemüsesuppe
1/8 l Schlagobers
1 Prise Muskatnuss, gerieben
1 Prise Zucker
Salz
weißer Pfeffer

Den Spargel mit einem Spargelschäler schälen. Die unteren Enden abschneiden, sie sind manchmal bitter. Ich habe die Erfahrung gemacht, dass Bio-Spargel so gut wie nie bitter ist. Spargel in 3 cm große Stücke schneiden. Dabei die Köpfe zur Seite legen.
Butter in einem Topf zerlassen, das Mehl zugeben und kurz anschwitzen – jetzt mit Bio-Gemüsesuppe aufgießen und aufkochen. Die Spargelstücke und das Schlagobers einmischen und Spargel rund 20 Minuten lang weich kochen. Die Suppe durch ein Passiersieb passieren, die Spargelköpfe zugeben und ungefähr 5 Minuten lang kochen – sie sollten „al dente" sein.
Gleichzeitig die Suppe mit geriebener Muskatnuss, Zucker, Salz und weißem Pfeffer würzen.

Kürbissuppe

Das Mühsamste an dieser Suppe ist das Schälen des Hokkaido. Versuchen Sie es mit einem Gemüseschäler, mit schnellen, fast hackenden Bewegungen von sich weg. Achtung: Hokkaido-Schälen ist eine potenziell gefährliche Beschäftigung. Dafür wird Ihre Mühe mit einem wunderbaren Kürbisaroma belohnt.

500 g Kürbisfleisch (am besten Hokkaido)
4 EL Pflanzenöl
1 gr. Zwiebel, kleinwürfelig geschnitten
2 Knoblauchzehen, gepresst
1 l Bio-Gemüsesuppe
Salz, weißer Pfeffer
1/4 l Schlagobers
Kürbiskernöl zum Beträufeln

Geschälten und entkernten Kürbis in kleine Würfel schneiden.
Öl in einem Topf erhitzen, die kleinwürfelig geschnittene Zwiebel und den gepressten Knoblauch mitrösten. Kürbisfleisch dazugeben, mit Bio-Gemüsesuppe aufgießen – dann rund 20 Minuten lang weich kochen. Mit Salz und weißem Pfeffer würzen. Mit dem Pürierstab pürieren und Schlagobers einrühren. Mit der nochmaligen Beigabe von Gemüsesuppe können Sie jetzt die Konsistenz nach Belieben verändern. Nochmals aufkochen.
In Tellern anrichten und mit Kürbiskernöl beträufeln.

Sie können die Suppe natürlich auch mit anderen Kürbissorten machen. Butternusskürbis gibt der Suppe ein sehr süßliches Aroma, da können Sie als Gewürz 1/2 TL Kreuzkümmel und Kardamom verwenden und haben eine asiatische Variante.
Schlangenkürbis lässt sich einfach schälen – dann geben Sie 3 geschälte, gewürfelte Paradeiser dazu (oder 2 EL Paradeismark), 1 TL edelsüßes Paprikapulver und ersetzen das oben genannte Schlagobers durch Sauerrahm.

Über den Kürbis der Trendsetter

Als ich ein Kind war, hat der Paradeiskürbis meiner Mutter zu meinen Lieblingsspeisen gehört. Gekocht hat sie ihn nach einem Rezept ihrer Mutter aus den Kürbissen, die im Garten gewachsen sind – Schlangenkürbisse haben wir sie genannt, und bis heute habe ich keine Ahnung, ob das die botanisch korrekte Bezeichnung ist. Es war ganz einfach die einzige Kürbissorte, die in meiner Kindheit verkocht wurde, in einer Zeit, in der von Halloween noch lange keine Rede war.

Meine Kinder dagegen leben in einer anderen Zeit und sind ein großes Stück weiter. Der auf keltische Ursprünge zurückgehende Brauch der Geistervertreibung gehört für sie heute zu den jahreszeitlichen Festen, und wenn es um Kürbisse geht, wachsen sie mit einem großen Angebot auf.

Der Kürbistrend ist auch in Österreich unübersehbar – seit einigen Jahren kommen im Herbst ständig neue Sorten auf den Markt und viele Gärtnereien haben sich bereits auf eine riesige Auswahl spezialisiert.

Ich gehöre übrigens zu den Hobbygärtnerinnen, die regelmäßig neue Kürbisarten im Garten anpflanzen, weil es ganz einfach Spaß macht, diese Vielfalt für sich zu entdecken.

Der Kürbis hat diese Trendwende mehr als nur verdient. Denn er gehört zu den ältesten Gemüsepflanzen der Welt, rund um den Globus existieren über 800 Sorten. Seine Geschichte reicht weit zurück – die ursprünglich aus Südamerika stammende Pflanze wurde schon vor 9.000 Jahren von mexikanischen Bauern angebaut. Nach Europa kam der Kürbis, so wie der Erdapfel oder der Kaffee, mit den spanischen Entdeckern der Neuen Welt.

Heute ist für mich der Aufschwung des Kürbis eines der besten Beispiele dafür, wie Sorten- und Artenvielfalt den Esstisch erobern – ein Gegentrend zum bedauerlichen Verschwinden der Vielfalt.

In der modernen Küche lässt er sich vielseitig verwenden. Die unzähligen Sorten unterscheiden sich ganz enorm – *Butternusskürbis, Spaghetti-Kürbis, Gelber Zentner, Gefleckter Moschuskürbis, Big Max, Hokkaido* oder *Patissons* sind nur einige der klingenden Namen.

Richtig zubereitet sind sie ein Gedicht – als Suppe, Risotto, Strudel, Pasta – ob gekocht, gebraten, gegrillt, mariniert oder gebacken – Kürbis ist ein Wunder des Geschmacks.

Paradeiskürbis mit Erdäpfellaibchen

Das ist ein Rezept meiner Mutter. Ursprünglich kommt es aus der ungarischen Küche, war lange in unseren Wirtshäusern heimisch und ist heute beinahe in Vergessenheit geraten. Der Paradeiskürbis harmoniert wunderbar mit gekochtem Rindfleisch oder faschierten Laibchen. Ich esse ihn gerne in einer vegetarischen Variante, ganz einfach mit Erdäpfellaibchen.

1 kg Kürbisfleisch (traditionell Schlangenkürbis)
3 EL Maiskeimöl
1 gr. Zwiebel, in kleine Würfel geschnitten
2 Knoblauchzehen, gepresst
1 EL Paradeismark
3 Paradeiser, enthäutet und klein geschnitten
ca. 1⁄4 l Bio-Gemüsesuppe
1 TL edelsüßes Paprikapulver
1 Prise Zucker
Salz
schwarzer Pfeffer
1⁄4 l Sauerrahm
eventuell 1 EL Mehl

Kürbis schälen, der Länge nach durchschneiden. Mit einem Löffel die Kerne herausholen, dann auf einer Reibe fein hobeln.
Öl in einem großen Topf heiß werden lassen, Zwiebel und Knoblauch beigeben, kurz durchrösten. Kürbis dazugeben, gut umrühren. Paradeismark und Paradeiswürfel einmischen, jetzt mit Suppe aufgießen. Paprikapulver, Zucker, Salz und Pfeffer einrühren. Ungefähr 25 Minuten lang weich dünsten – zum Schluss den gut durchgerührten Sauerrahm unterrühren. Wenn noch zuviel Flüssigkeit im Paradeiskürbis ist, dann vermischen Sie den Sauerrahm mit 1 EL Mehl, rühren das ein und kochen nochmals 1 Minute auf. Zur Garnierung passt übrigens hervorragend frische Dille.

Erdäpfellaibchen

500 g mehlige Erdäpfel
2 Eidotter
40 g zerlassene Butter
40 g Erdäpfelstärke
Salz
Muskatnuss, gemahlen
Semmelbrösel zum Wenden
Pflanzenöl zum Backen

Die Erdäpfel in der Schale weich kochen. Heiß schälen und sofort durch die Erdäpfelpresse drücken. Noch heiß mit den Eidottern, der zerlassenen Butter, der Erdäpfelstärke, Salz und Muskatnuss vermischen. Erdäpfelstärke gibt es in jedem Supermarkt und Erdäpfelteige lassen sich damit besonders einfach herstellen.
Aus dem Teig Laibchen formen, in den Semmelbröseln wenden und in wenig Öl in einer beschichteten Pfanne herausbacken.

Krautstrudel

Krautstrudel mache ich besonders gerne, wenn im Herbst das erste junge Frühkraut auf den Markt kommt.

1 Krautkopf, rund 1,3 kg
Salz
3 EL Maiskeimöl
100 g Hamburgerspeck, in kleine Stücke geschnitten
1 mittlere Zwiebel, in kleine Würfel geschnitten
2 EL Kristallzucker
gemahlener Kümmel
1/2 TL Honigessig
schwarzer Pfeffer
1 Becher Crème fraîche
Strudelblätter für 2 Strudel
20 g flüssige Butter

Kraut waschen, putzen, ganz fein schneiden und einsalzen, das heißt mit 1/2 TL Salz vermischen.
Öl in einem Topf erhitzen, Speck, Zwiebel und Kristallzucker mitrösten, bis alles eine schöne braune Farbe angenommen hat.
Kraut zugeben, mit Kümmel, Honigessig und Pfeffer würzen. Weich dünsten, das dauert ungefähr 30 Minuten. Überkühlen lassen und dann die Crème fraîche in die Masse einrühren. Falls sich Flüssigkeit gebildet hat, diese abgießen.
Strudelteig nach Packungsanleitung auflegen. Die Hälfte des Krauts darauf verteilen, die Enden zuerst einschlagen, dann den Strudel straff einrollen. Mit dem zweiten Strudel ebenso verfahren. Auf ein gebuttertes Blech legen, mit flüssiger Butter bestreichen, im vorgeheizten Rohr bei 200 °C rund 20 Minuten backen.

Ich serviere zum Krautstrudel gerne Knoblauch- oder Kräuterrahm. Ganz einfach Sauerrahm mit Kräutern der Saison oder wenig Knoblauch, Salz und weißem Pfeffer abrühren. Eine Schüssel Salat gehört natürlich auch dazu.

Gemüselasagne

Gemüselasagne ist wieder so ein Gericht, bei dem Sie Ihrer Fantasie freien Lauf lassen können und bei dem Sie auch so manche Gemüsereste im Kühlschrank aufbrauchen können. Zur unten angeführten Grundvariante passt fast alles: Karfiol, Melanzani, Fisolen, Erbsen ...

Für das Gemüsesugo:

4 Karotten à 100 g
2 Paprika
100 g Lauch
3 Zucchini à 150 g
3 EL Olivenöl
1 gr. Zwiebel, in kleine Würfel geschnitten
2 Knoblauchzehen, gepresst
500 g Paradeiser, enthäutet und in Würfel geschnitten
oder 1 Fl. (700 ml) passierte Tomaten
Salz, Pfeffer
1 TL Oregano
1 Lorbeerblatt
2 Thymianzweige

Für die Bechamel:

100 g Butter
100 g Mehl
3/4 l Milch
Salz, Pfeffer, Muskatnuss
100 g geriebener Parmesan

1 bis 2 Pkg. Lasagneblätter

Backrohr auf 180 °C vorheizen.
Zuerst machen Sie das Gemüsesugo. Dazu das Gemüse putzen, waschen und klein schneiden. Dann das Öl in einem großen Topf erhitzen, Zwiebel und Knoblauch anrösten. Gemüsestücke zugeben und kurz mitrösten. Die Paradeiser einmischen, mit Salz, Pfeffer, Oregano würzen, das Lorbeerblatt und die Thymianzweige einlegen. Ungefähr 30 Minuten lang köcheln lassen.
In der Zwischenzeit die Bechamel kochen: Dazu die Butter in einem Topf zerlassen, das Mehl einrühren und unter ständigem Rühren anschwitzen. Dann sehr zügig die kalte Milch einrühren. Achtung: Gut rühren, damit keine Klumpen entstehen! Mit Salz, Pfeffer und Muskatnuss würzen. Wenn die Masse ein wenig abgekühlt ist, den geriebenen Parmesan einrühren.
In eine große Lasagne-Backform zuerst eine Schicht Gemüsesugo einfüllen und mit Lasagneblättern belegen. Dann immer abwechselnd mit Gemüsesugo und Lasagneblättern so weitermachen, bis das Sugo aufgebraucht ist. Zum Schluss die Bechamel einfüllen, glatt streichen und im Rohr bei 180 °C rund 45 Minuten lang backen.

Nudeln mit Pastinaken, Karotten und gelben Rüben

Rüben, Pastinaken, Kraut, Sellerie – Gemüsesorten, die dann Saison haben, wenn es draußen klirrend kalt wird und fast nichts mehr wächst. Leider ist das Kochen mit diesen Gemüsesorten ziemlich in Vergessenheit geraten. Die weißgelben, rettichförmigen Pastinaken waren als Gemüsewurzeln schon den Griechen bekannt. Auch in unserer Region waren sie Grundnahrungsmittel, ehe die langsam wachsenden Wurzeln von den Karotten und Erdäpfeln verdrängt worden sind. Am besten schmecken die kleinen Pastinaken, große können holzig sein.
Hier ein Gericht, das sich in einer halben Stunde kochen lässt.

150 g Pastinaken
150 g Karotten
150 g gelbe Rüben
3 EL Olivenöl
1 mittlere Zwiebel, in kleine Würfel geschnitten
2 Knoblauchzehen, gepresst
2 EL frischer oder $^1/_2$ EL getrockneter Thymian
Meersalz
frisch gemahlener schwarzer Pfeffer
400 g breite Nudeln

Einen großen Topf Wasser zustellen, salzen und zum Kochen bringen.
Pastinaken, Karotten und gelbe Rüben schälen und waschen. Dann mit dem Gemüseschäler dünne Streifen abziehen – das ist ein bisschen aufwändig, dafür lohnt sich die Mühe, weil das Gemüse nur noch ganz kurz gebraten werden muss.
In einer beschichteten Pfanne oder einem Wok das Öl heiß werden lassen, Zwiebel und Knoblauch kurz anschwitzen. Dann sofort die feinen Gemüsestreifen zugeben, alles gemeinsam rösten. Wenn das Gemüse bissfest ist – das dauert höchstens 10 Minuten – auf die Seite ziehen und mit Thymian, Meersalz und Pfeffer würzen.
Nudeln im Topf mit dem wallenden Salzwasser al dente kochen und abgießen, dabei 3 EL vom Kochwasser zurückbehalten. Das Gemüse damit aufgießen, damit es nicht zu trocken ist. Dann die Nudeln unter das Gemüse rühren – sofort servieren.

Gnocchi mit Paradeisern und Basilikum

Jetzt glauben Sie vermutlich, dass ich vollkommen verrückt geworden bin, weil ich Ihnen selbst gemachte Gnocchi unter die schnelle Küche für den Alltag juble.
Aber ich meine es ernst – ich mache das wirklich. Ich verspreche Ihnen, Sie werden nicht länger als 1 Stunde in der Küche stehen – beim zweiten Mal sogar kürzer – und Sie haben ein Gericht auf dem Tisch, das Sie und Ihre Lieben glücklich macht. Selbst gemachte Gnocchi haben nichts zu tun mit gummiartigen Fertigprodukten, sie sind ein himmlisches Gericht. Und im Übrigen ist ihre Herstellung ziemlich einfach.

Für die Gnocchi:
500 g mehlige Erdäpfel
3 Eidotter
100 g Erdäpfelstärke
20 g zerlassene, braune Butter
Salz, weißer Pfeffer, 1 Prise Muskatnuss

Für die Sauce:
500 g frische Paradeiser oder 1 Fl. (700 ml) passierte Paradeiser
4 EL Basilikumblätter
3 EL Olivenöl
1 Knoblauchzehe, zerdrückt
Meersalz, schwarzer Pfeffer
geriebener Parmesan

Die Erdäpfel in der Schale weich kochen, noch heiß schälen und sofort durch die Erdäpfelpresse drücken. Eidotter, Erdäpfelstärke, zerlassene Butter, Salz, Pfeffer und Muskatnuss dazugeben. So lange durchkneten, bis Sie eine schöne Erdäpfelteigkugel haben.
Diese Kugel in mehrere Teile schneiden und daraus längliche dünne Rollen formen. Dann die Rollen in kleine Stückchen teilen.
Wenn Sie es sich ganz einfach machen wollen, sind Ihre Gnocchi jetzt fertig.
Ich ziehe dann aber noch jedes einzelne über den Rücken einer Gabel, damit sie schöne Einkerbungen als Muster bekommen.
Jetzt einen großen Topf mit gesalzenem Wasser aufstellen.
In der Zwischenzeit für die Sauce die Paradeiser in heißes Wasser tauchen, danach in kaltem abschrecken. Haut abziehen, entkernen und das Paradeisfleisch in Würfel schneiden. Das erspart man sich natürlich, wenn man Paradeiser in Flaschen verwendet.
Basilikum klein schneiden.
Olivenöl erhitzen und eine zerdrückte Knoblauchzehe mitrösten. Paradeiswürfel zugeben, ca. 5 Minuten dünsten. Mit Basilikum, Meersalz und frisch gemahlenem schwarzen Pfeffer abschmecken.
Gnocchi im kochenden Salzwasser wenige Minuten lang weich kochen – am besten testen Sie zwischendurch. Abgießen und unter die Paradeissauce mischen. Mit Parmesan bestreuen.

Risotto das Grundrezept

Eines meiner absoluten Lieblingsgerichte. Ich koche es, so wie Nudelgerichte, natürlich auch als Zwischengang bei einem großen Festessen – aber gerade in meiner schnellen Küche hat Risotto einen festen Platz.
Eines muss ich Ihnen offen sagen, der Risotto verlangt Ihre volle Aufmerksamkeit. Sie müssen bereit sein, zumindest 20 Minuten ins Rühren zu investieren – eine Zeit, in der Sie nebenbei nicht viel mehr machen können als telefonieren. Aber dafür wird Ihre Mühe dann auf wunderbarste Weise belohnt.
Wichtig ist die Reissorte – *Carnaroli, Arborio* oder *Vialone Nano*. Sie bekommen Risottoreis in den meisten Supermärkten.
Folgende Menge nehme ich für 4 Personen als Hauptgang oder 8 Personen als Zwischengang bei einem festlichen Abendessen:

1,5 l Bio-Gemüse- oder Hühnersuppe
3 EL Olivenöl
1 kl. Zwiebel, in sehr kleine Würfel geschnitten
350 g Risottoreis
1 Gl. trockener Weißwein
60 g Butter
100 g geriebener Parmesan
frisch gemahlener schwarzer Pfeffer

Das Nonplusultra bei der Zubereitung von Risotto ist natürlich selbst gemachte Hühnersuppe. In der schnellen Küche verwende ich allerdings Suppe aus Bio-Suppenwürfeln.
Die Hühner- oder Gemüsesuppe bis zum Siedepunkt erhitzen und am Sieden halten.
Das Olivenöl in einem großen Topf erhitzen, die Zwiebel glasig andünsten. Den Reis dazugeben und durchrühren, bis alle Körner mit Fett überzogen sind. Dann einen großen Schöpfer Suppe zugießen, so lange rühren, bis sie vollständig aufgesogen ist. Jetzt das Glas Wein zugießen, rühren, der Alkohol verdampft dabei, das wunderbare Aroma bleibt. Wieder einen Schöpfer heiße Suppe zugeben und immer weiter rühren, bis die Suppe aufgesogen ist. Diesen Vorgang wiederholen, bis die ganze Suppe aufgebraucht ist. Ständig rühren, der Reis darf sich nicht am Boden des Topfs anlegen. Der Garvorgang dauert rund 25 Minuten. Der Reis sollte zum Schluss eine cremige Konsistenz haben, er sollte weich sein, aber noch Biss haben. Die Italiener nennen das *all'onda* – flüssig wie eine Welle.
Von der Kochstelle ziehen, Butter und Parmesan einrühren. Beim Servieren eine Mühle mit schwarzem Pfeffer dazustellen und vielleicht noch getrennt Parmesan reichen.
Dieses Grundrezept lässt sich auf vielfältige Weise variieren. Sie können es natürlich auch als Beilage zu gebratenem Fisch servieren. Risotto ist unglaublich wandlungsfähig, wenn Sie öfter Risotto kochen, werden Sie Ihre eigenen Vorlieben entdecken und auch den Mut finden, selbst zu variieren. Ich mache Ihnen auf der nächsten Seite dazu drei Rezept-Vorschläge.

Sollte Ihnen Risotto übrig bleiben: Er lässt sich nicht gut aufwärmen. Aber Sie können aus dem Risotto Laibchen formen, diese in Bröseln wälzen und in einer beschichteten Pfanne in wenig Öl auf beiden Seiten herausbraten. Schmeckt gut mit Salat oder als Beilage zu einem anderen Gericht.

Risotto mit grünem Spargel

1 kg grüner Spargel
3 EL Olivenöl
Meersalz
frisch gemahlener schwarzer Pfeffer
2 EL Petersilie, klein gehackt

Die unteren Enden des grünen Spargels abschneiden. Die Stangen waschen und in 2 cm große Stücke schneiden. Das Olivenöl erhitzen, den Spargel zugeben, salzen und unter häufigem Wenden braten. Das dauert nicht viel länger als 5 bis 8 Minuten, der Spargel soll bissfest sein. Pfeffer und Petersilie zugeben und unter den Risotto mischen.

Risotto mit Birnen und Radicchio

Diese Variante habe ich bei einem Kochkurs im Restaurant „Hansen" in Wien zum ersten Mal gegessen. Seither gehört sie zu meinen Favoriten, weil die Süße der Birnen hervorragend mit dem bitteren Radicchio harmoniert.

2 gr. saftige, weiche Birnen
250 g Radicchio

Dabei müssen Sie nichts anderes machen, als die Birnen schälen und kleinwürfelig schneiden. Den Radicchio putzen, waschen und ebenfalls klein schneiden. Alles gemeinsam unter den Risotto rühren, kurz durchziehen lassen.

Risotto mit Roten Rüben

Hier liegt das Besondere an der Zubereitung der Roten Rüben. So gebraten sind die Rüben übrigens auch eine hervorragende Beilage – zu Lamm zum Beispiel. Beim Risotto-Kochen müssen Sie allerdings einen größeren Zeitvorlauf einrechnen, weil die Rüben zwar kaum Arbeit machen, aber 2 Stunden im Rohr braten.

2 Rote Rüben (ca. 300 g)
frischer Thymian, Petersilienstängel, Meersalz, Kümmel
frisch gemahlener schwarzer Pfeffer

Waschen Sie die Roten Rüben und reiben Sie dabei die Erde sehr gut ab.
Nehmen Sie ein Stück Alufolie, für jede Rübe eines. Geben Sie Thymian und die Petersilienstängel auf die Alufolie, setzen Sie die Rübe darauf und bestreuen Sie sie großzügig mit Salz, Kümmel und schwarzem Pfeffer. Dann verschließen Sie die Folie.
Geben Sie die Rüben ins Backrohr und backen Sie sie 2 Stunden lang bei 140 °C.
Dann schälen Sie die Rüben und oh Wunder – das Aroma der Kräuter hat sich durchgezogen, so zubereitet schmecken Rote Rüben herrlich.
Schneiden Sie die Rüben in kleine Würfel und mischen Sie sie unter den Risotto.

Lachsforelle in Papier gebraten

Das ist eines der Fischgerichte, die ich liebe, weil ich dafür kaum Zeit brauche und weil ich mir damit selbst an den dunkelsten Nebeltagen den Sommer ins Haus hole.

1 gr. Lachsforelle (800 g bis 1 kg), ausgenommen
5 EL Olivenöl
Meersalz
frisch gemahlener schwarzer Pfeffer
frische Kräuter: Thymian, Basilikum, Petersilie – jeweils mindestens 4 EL grob gehackt
Pergamentpapier – oder ganz einfach Butterbrotpapier
1 Bio-Zitrone, in Scheiben geschnitten
4 Frühlingszwiebeln, in kleine Scheiben geschnitten

Backrohr auf 220 °C vorheizen.
Die Lachsforelle innen und außen waschen, mit Küchenpapier gut trocknen.
Auf ein großes Brett legen, innen und außen mit Olivenöl einreiben und mit Salz und Pfeffer würzen. Die Hälfte der grob gehackten Kräuter in den Bauch der Forelle füllen. Nun das Papier auflegen, den Fisch darauf legen und die andere Hälfte der Kräuter unter und über dem Fisch verteilen. Mit Zitronenscheiben und Jungzwiebelringen belegen und mit ganz wenig Olivenöl beträufeln. Das Papier zusammenrollen und die Enden mit Küchengarn zusammenbinden.
Auf ein Backblech legen und ins vorgeheizte Rohr schieben. Rund 35 Minuten lang backen.
Dazu serviere ich in Salzwasser gekochte Erdäpfel und eine riesige Schüssel Salat.

Melanzani, Zucchini und Faschiertes

Es gibt Tage, da werde ich von kulinarischem Fernweh gepackt. Dieses Gericht hat seinen Ursprung an so einem Tag genommen – ich hatte Sehnsucht nach der levantinischen Küche. Eine Sehnsucht, die sich nur durch das richtige Essen mit den Aromen des Vorderen Orients stillen lässt. Zum Glück waren dann die passenden Zutaten im Kühlschrank – und meine Familie hat das neu kreierte Gericht auch noch mit Zustimmung quittiert. Seither gehört es zum Standardrepertoire.

2 alte Semmeln
2 EL Olivenöl
1 mittlere Zwiebel, ganz fein geschnitten
1 Knoblauchzehe, gepresst
600 g mageres, faschiertes Rindfleisch
1 EL Dijon-Senf
Meersalz, frisch gemahlener schwarzer Pfeffer
1 gr. Melanzani
2 Zucchini
Olivenöl zum Braten und zum Bepinseln
700 g passiertes Paradeisfleisch in Flaschen
1 Knoblauchzehe, gepresst
2 EL Oregano
2 EL frischer Thymian, gerebelt
2 Zweige Rosmarin

Backrohr auf 180 °C vorheizen.
Die Semmeln in kaltem Wasser einweichen. Wenn sie ganz weich sind, mit den Händen gut ausdrücken.
Das Öl erhitzen, Zwiebel und Knoblauch darin glasig braten und abkühlen lassen. Mit dem Faschierten, den ausgedrückten Semmeln, Senf, Meersalz und Pfeffer vermischen.
Aus dieser Masse Laibchen formen und auf einen Teller legen.
Die Melanzani und Zucchini in 1 cm breite Scheiben schneiden. In einer beschichteten Pfanne nacheinander in wenig Olivenöl auf beiden Seiten schön braun anbraten. Herausnehmen und auf Küchenpapier legen.
Eine große Auflaufform mit Olivenöl bepinseln. Das Paradeisfleisch mit Knoblauch, Oregano, Meersalz, schwarzem Pfeffer, Thymian und den Rosmarinzweigen mischen. Die Hälfte davon als unterste Schicht in die Form füllen. Dann abwechselnd Melanzani, Zucchini und Paradeismasse einschichten. Zum Schluss die faschierten Laibchen darauf setzen und das Ganze im Rohr rund 40 Minuten lang braten. Falls die Laibchen zu braun werden, mit Alufolie abdecken. Mit Reis servieren.

Gefüllte Paprika

Dieses Rezept ist wieder eines meiner Mutter. Ein Gericht, in dem ich mich als Kind am liebsten eingegraben hätte. Meine Mutter hat es nur im Sommer gekocht, weil es Paprika und Paradeiser früher im Winter ganz einfach nicht gegeben hat. Heute sind im Winter passierte Paradeiser in Flaschen eine echte Alternative – aber wirklich gute Paprika gibt es nach wie vor nur im Sommer.

Für die Paradeissauce:

50 g Butter
50 g Mehl
2 Fl. (à 700 ml) passierte Paradeiser
1 EL Zucker
Salz
1 Bio-Gemüsesuppenwürfel
2 EL Paradeismark

8 gr. grüne Paprika
1 kl. Zwiebel, sehr fein geschnitten
3 EL Öl
400 g Faschiertes, am besten halb Schwein, halb Rind
150 g gekochter Reis
1 Knoblauchzehe, gepresst
1 EL Petersilie, fein gehackt
Salz
frisch gemahlener schwarzer Pfeffer
1 TL Majoran

Zuerst die Paradeissauce zubereiten. Butter in einem großen Topf zerlassen, Mehl zugeben und eine lichte Einbrenn rühren. Mit den passierten Paradeisern aufgießen. Zucker, Salz, Bio-Gemüsesuppenwürfel und Paradeismark zugeben, vielleicht noch ein wenig Wasser zugießen und bis zur gewünschten Konsistenz auf kleiner Flamme dünsten. Alles gemeinsam durch ein Passiersieb passieren und abschmecken.
Backrohr auf 180 °C vorheizen.
Von den Paprika den Stiel mit einem Deckel abschneiden, diese waschen und beiseite legen. Die weißen Samenkerne aus den Paprika lösen und innen und außen waschen.
Die Zwiebel in Öl hell anlaufen lassen. Vom Herd nehmen und überkühlen lassen.
Das Faschierte mit dem gekochten Reis vermischen, Zwiebel, Knoblauch und Gewürze untermengen.
Die Masse in die Paprika füllen und mit dem Deckel verschließen.
Die Paradeissauce in eine große Bratpfanne füllen, die Paprika hineinsetzen und ins Rohr schieben. Rund 45 Minuten lang garen. Wenn die Paprika an der Oberseite zu braun werden, mit Alufolie abdecken.
Salzerdäpfel dazu servieren.

Im Sommer nehme ich natürlich frische Paradeiser:
2 kg vollreife Fleischparadeiser waschen und vierteln. Butter und Mehl anschwitzen und Paradeiser zugeben. Mit $^1/_2$ l Bio-Gemüsesuppe aufgießen, 20 Minuten kochen lassen. Dann passieren und mit Salz, Pfeffer und Zucker abschmecken.

Gebackene Schinkenfleckerl

Diese Schinkenfleckerl haben eine besondere Vorgeschichte – sie haben mich gelehrt, wie beständig Kinder sein können, wenn es um kulinarische Vorlieben geht. Ich koche sie seit über 20 Jahren – mittlerweile drei Mal im Jahr – als Festessen! Schinkenfleckerl sind nämlich das Lieblingsgericht meiner Kinder – das sich alle drei mit unglaublicher Hartnäckigkeit jedes Jahr zum Geburtstag wünschen.

500 g Fleckerl
300 g magerer Schinken
5 Eier
100 g Butter oder Öl
100 g Mehl
3/4 l Milch
1/2 l Sauerrahm
Salz, weißer Pfeffer
Muskatnuss, gemahlen
Butter und Brösel für die Form
200 g geriebener Käse

Zuerst in einem großen Topf Salzwasser die Fleckerl kochen – da sie nachher noch gebacken werden, allerdings nicht weich, sondern sehr „al dente".
Backrohr auf 180 °C vorheizen.
Schinken in kleine Würfel schneiden. Eier in Eidotter und Eiklar trennen.
In einem Topf für die Bechamel die Butter erhitzen. Mehl zugeben und zu einer lichten Einbrenn rühren. Jetzt die kalte Milch zugießen. Achtung: Gut rühren, damit die Bechamel nicht klumpt. Vom Herd nehmen und überkühlen lassen.
In eine große Rührschüssel umfüllen und die Eidotter einzeln einarbeiten. Sauerrahm einmischen, mit Salz, Pfeffer und Muskatnuss würzen.
Fleckerl und Schinkenwürfel mit einem Kochlöffel in diese Masse einrühren.
Aus den Eiklar mit einer Prise Salz einen steifen Schnee schlagen. Diesen Schnee unter die Schinkenfleckerlmasse ziehen.
Eine Form zuerst mit Butter einstreichen und dann bebröseln. Die Masse einfüllen, glatt streichen und mit geriebenem Käse bestreuen.
Bei 180 °C im Backrohr rund 45 Minuten lang backen. Wenn die Schinkenfleckerl früher an der Oberseite braun werden, decken Sie sie am besten mit Alufolie ab.

Indischer Karfiol mit Zwiebeln und Paradeisern

In meiner Alltagsküche sind asiatische Gerichte sehr präsent, das hat unter anderem damit zu tun, dass wir alle gerne reisen. Ich liebe es, in fernen Ländern auf exotische Märkte zu gehen und mit vielen duftenden Gewürzen nach Hause zu kommen. Diese Leidenschaft teilen auch meine Kinder, sie mögen fremde Geschmäcker und haben sogar Spaß an der Schärfe, die man übrigens sehr gut variieren kann. Gerade bei der Zubereitung von Gemüse sind die Asiaten unübertroffen, aber auch viele Fleischspeisen sind großartig. Sollte es Ihr Einstieg in die asiatische Küche sein, brauchen Sie zuerst einmal einen kleinen Grundstock an Gewürzen, und dafür muss man nicht in die Ferne reisen, man kann sie mittlerweile in jedem gut sortierten Supermarkt kaufen.

- **1 gr. Karfiol**
- **1 gr. Zwiebel, geschält und in grobe Ringe geschnitten**
- **1 Stk. Ingwer (ca. 4 cm lang), geschält und in Stücke geschnitten**
- **4 EL Wasser**
- **6 EL Sesamöl oder anderes Pflanzenöl**
- **5 Knoblauchzehen, gepresst**
- **1 TL gemahlener Kreuzkümmel**
- **1 TL gemahlener Koriander**
- **1 Dose geschälte Paradeiser oder 3 frische Paradeiser, enthäutet und in Stücke geschnitten**
- **$1/2$ TL Kurkuma**
- **1 Prise Cayennepfeffer**
- **1 TL Zitronensaft**
- **Meersalz**

Den Karfiol vom Strunk befreien, die Karfiolröschen in einer Größe von rund 4 x 4 cm abtrennen, waschen und zur Seite stellen.
Mit dem Pürierstab die Zwiebel mit Ingwer und Wasser zu einer Paste mixen.
4 EL Sesamöl in einem Wok oder einer großen Pfanne heiß werden lassen, den Knoblauch darin leicht anbräunen. Die Karfiolröschen zugeben und rösten, bis sie braune Spitzen bekommen. Dann herausnehmen und auf einen Teller geben.
In der Pfanne nochmals 2 EL Öl heiß werden lassen und die Zwiebel-Ingwer-Mischung dazugeben. Jetzt den Kreuzkümmel, Koriander und die Paradeiser einrühren. Wenn die Mischung eine braune Farbe annimmt, Kurkuma, Cayennepfeffer, Zitronensaft und Meersalz einmischen. Die Hitze zurückdrehen und den Karfiol einlegen. Ein wenig Wasser zugießen und zugedeckt ca. 10 Minuten lang köcheln lassen. Der Karfiol soll nicht zerkocht sein, sondern noch Biss haben. Mit Basmatireis servieren.

Zu diesem Gericht schmeckt indisches *Raita* ganz hervorragend. Dazu nehmen Sie ein ungefähr 8 cm großes Gurkenstück, schälen es und hobeln es ganz fein. Einsalzen, bis die Gurke Wasser lässt, das Wasser ausdrücken. Mit $1/2$ l Joghurt, 1 EL frischer, gehackter Minze und 1 TL Kreuzkümmel vermischen – mit Meersalz abschmecken.

Huhn in Curry und Kokos

Wie beim „Indischen Karfiol“ auf Seite 46 gilt auch hier: Lassen Sie sich von der Liste der Zutaten nicht vom Kochen des Gerichts abschrecken. Sie müssen für diese Gewürze nicht um die halbe Welt reisen. Sie bekommen sie in jedem gut sortierten Supermarkt und natürlich in den Asia-Shops.

600 g Hühnerfilets
4 EL Sesamöl oder anderes Pflanzenöl
1 mittlere Zwiebel, fein geschnitten
3 Knoblauchzehen, gepresst
25 g Ingwer, geschält und fein gehackt
2 frische Paradeiser, gehäutet und in kleine Stücke geschnitten oder $\frac{1}{8}$ Fl. Paradeiser (à 700 ml)
1 Zimtstange (ca. 5 cm lang)
1 TL Kreuzkümmel, gemahlen
1 TL Koriander, gemahlen
$\frac{1}{2}$ TL Kurkuma (gemahlene Gelbwurz)
2 TL Rohrzucker
1 EL Paradeismark
$\frac{1}{2}$ TL Zitronensaft
$\frac{1}{2}$ l Bio-Gemüsesuppe
1 Dose Kokosmilch à 400 ml
1 rote Chilischote oder Chilipulver
Öl zum Braten
eventuell 1 EL Maisstärke
Meersalz

Zuerst die Hühnerfilets in kleine Stücke schneiden und beiseite stellen.
Dann in einer großen Pfanne oder einem Wok das Öl erhitzen. Die Zwiebel darin glasig anlaufen lassen, Knoblauch und Ingwer zugeben – jetzt alle Zutaten außer dem Huhn einmischen und mit Gemüsesuppe und Kokosmilch aufgießen. Dieses Curry 30 Minuten köcheln lassen.
Die Chilischote nur dann beigeben, wenn Sie das Gericht scharf essen wollen. Wenn nicht, können Sie das Curry am Ende der Kochzeit mit rotem Chilipulver so scharf würzen, wie es Ihrem Geschmack entspricht.
In einer großen Pfanne die Hühnerstücke braten, immer so viele, wie die Pfanne fassen kann.
Die Zimtstange aus der Currysauce entfernen und die Sauce durch ein Passiersieb passieren. Wenn nötig mit Maisstärke, die Sie in ein wenig kaltem Wasser glatt gerührt haben, binden. Mit Meersalz abschmecken.
Die gebratenen Hühnerstücke einlegen und nochmals heiß werden lassen.
Basmatireis als Beilage servieren. Rezept Seite 52 (Nasi Goreng).

Kokoscurry schmeckt auch großartig mit gebratenen Garnelen. Dazu nur ein halbes Kilo bereits ausgelöste Garnelen braten und in die Sauce rühren.

Gemüsewok mit Nudeln

Wok-Gerichte sind die Lieblinge aller schnellen Köchinnen und Köche. Auch bei diesem Gericht gibt es keine klaren Vorgaben, welches Gemüse Sie verwenden sollten. Nehmen Sie, was sie gerne essen, im Garten haben oder was ganz einfach im Kühlschrank liegen geblieben ist. Eines sollten Sie allerdings immer beachten: die unterschiedlichen Garzeiten der Gemüse. Das heißt, fangen Sie mit dem Gemüse an, das am längsten braucht, und geben Sie manches erst gegen Ende der Kochzeit bei.

4 EL Sesamöl oder ein anderes Pflanzenöl
1 gr. Zwiebel, sehr fein geschnitten
3 Knoblauchzehen, gepresst
2 Karotten, mit einem Gemüseschäler in feine Streifen geschnitten
150 g Lauch, fein geschnitten
1 Zucchini, mit dem Gemüseschäler in feine Streifen oder ganz einfach in Würfel geschnitten
1 gelber Paprika, in feine Ringe geschnitten
1 roter Paprika, in feine Ringe geschnitten
1 TL Kurkuma
1 TL Kreuzkümmel
4 EL Sojasauce
4 EL süße Sojasauce nach indonesischer Art (Ketjap Manis)
500 g asiatische Eiernudeln
1 Bund Koriander, gewaschen, gezupft und grob geschnitten

Einen großen Topf Salzwasser für die Nudeln aufsetzen.
Das Öl im Wok erhitzen, Zwiebel und Knoblauch beigeben und hellbraun rösten. Sofort das Gemüse zugeben und durchrösten. (Wenn Sie sich die Arbeit machen, die Karotten mit dem Gemüseschäler in feine Streifen zu schneiden, dann haben auch Karotten eine sehr kurze Garzeit). Kurkuma und Kreuzkümmel zufügen, Sojasaucen einmischen, ca. 5 bis 10 Minuten lang braten. Das Gemüse ist fertig, wenn es bissfest ist.
In der Zwischenzeit die Nudeln ins kochende Wasser geben – nach Anleitung kochen. Wenn Sie keine asiatischen Eiernudeln haben (gibt es im Supermarkt zu kaufen), nehmen Sie ganz einfach andere Bandnudeln.
Wenn die Nudeln fertig gekocht sind, abseihen. Einige Löffel von diesem Kochwasser zurückbehalten. Sie können damit das Gemüse saftiger machen.
Die Nudeln sofort unter das Gemüse mischen. Jetzt mit viel gehacktem grünen Koriander bestreuen – nur wenn Sie sicher sind, dass alle, für die Sie kochen, Koriander mögen.

Schneiden Sie eine frische Chilischote ganz klein und vermischen Sie sie mit Sojasauce. Wenn Sie das in einem Schälchen extra auf den Tisch stellen, kann jeder entscheiden, wie scharf er das Gericht isst.

Nasi Goreng

Als wir mit unserem mittleren Sohn Max – er war damals fünf Jahre alt – auf einer Reise durch Indonesien unterwegs waren, hat er Nasi Goreng für sich entdeckt. Er hat sich wochenlang von nichts anderem ernährt und damit den Anstoß gegeben, dass Nasi Goreng heute zu den Standardgerichten meiner Familie gehört.

350 g Basmatireis
2 EL Öl
550 ml Wasser
Salz

400 g Hühnerfilet
4 EL Sesamöl
3 Frühlingszwiebeln, in kleine Ringe geschnitten, die grünen Teile auf die Seite gestellt
3 Knoblauchzehen, gepresst
1 Stk. Ingwer (ca. 25 g), geschält und fein gehackt
1 TL Koriander, gemahlen
1 TL Kreuzkümmel, gemahlen
1 TL Kurkuma
3 EL Sojasauce
3 EL süße Sojasauce nach indonesischer Art (Ketjap Manis)
1 EL Sambal Manis (nur dann, wenn Sie scharf essen)
1 Stange Zitronengras, in große Stücke geschnitten (oder getrocknetes Pulver)
150 g gekochte Shrimps
100 g tiefgefrorene Erbsen
1 EL Petersilie, gezupft und gehackt
3 EL Cashew-Nüsse, grob gehackt
3 EL frischer Koriander, gezupft und grob geschnitten

Zuerst den Reis kochen. Dazu den Reis sehr gut waschen, mehrmals einweichen und abgießen.
Das Öl heiß werden lassen, den Reis zugeben, kurz anrösten und mit Wasser aufgießen. Salzen und auf hoher Stufe kochen lassen, bis das Wasser verdampft ist. Dann zudecken und auf kleinster Flamme ausdampfen lassen.
Einen kleinen Topf Wasser zum Kochen bringen, salzen und darin das Hühnerfilet 15 Minuten lang kochen. Abgießen, überkühlen lassen und klein schneiden.

In der Zwischenzeit im Wok oder in einer großen beschichteten Pfanne das Öl erhitzen, die weißen Teile der Frühlingszwiebeln und den Knoblauch darin hell rösten. Den Ingwer, gemahlenen Koriander, Kreuzkümmel und Kurkuma einmischen. Sojasaucen und nach Geschmack Sambal Manis einrühren sowie Zitronengras beigeben. Die Hühnerstücke, Shrimps, Erbsen, Petersilie und die grünen Teile der Frühlingszwiebeln zufügen. Dann den Reis unterrühren, kurz durchrösten und mit den gehackten Nüssen und frischem Koriander bestreuen. Zuletzt die Zitronengrasstücke entfernen.

In Indonesien wird Nasi Goreng auch oft mit einem Spiegelei, das auf den Reis gelegt wird, serviert.

Nachspeisen und Kuchen spielen in meiner Küche eine ganz große Rolle. Ich mag es, wenn sich der Geruch frisch gebackener Mehlspeisen durchs Haus zieht. Und da auch meine Kinder meine Vorliebe für Süßes teilen, finde ich, sie sollten Selbstgemachtes essen.

Vanillepudding mit Schokoladensauce

Ein echter Klassiker, der Kindheitserinnerungen weckt. Meine Mutter hat oft Pudding als Nachspeise gekocht. Mit Vanille, Karamell, Schokolade oder Nüssen. Dass man für die Herstellung keine Fertigprodukte braucht, die ohnehin nur künstliche Farb- und Aromastoffe enthalten, ist allerdings schon fast in Vergessenheit geraten. Deshalb widme ich dem Pudding jetzt die erste Seite.

Für den Vanillepudding:

40 g Maisstärke
$^1/_2$ l Milch
4 EL Rohrzucker
1 Pkg. Bourbon-Vanillezucker
1 Vanillestange, aufgeschnitten und das Vanillemark ausgeschabt
1 Eidotter

Für die Schokoladensauce:

10 g Maisstärke
$^1/_2$ l Milch
130 g dunkle Schokolade
4 EL Rohrzucker

Für den Vanillepudding die Maisstärke in ca. $^1/_3$ der Milch glatt verrühren. Die restliche Milch mit dem Zucker, Vanillezucker, der aufgeschnittenen Vanillestange und dem Vanillemark aufkochen. Dann die mit Milch glatt gerührte Maisstärke zugeben. Unter ständigem Rühren nochmals aufkochen und ca. 1 Minute kochen lassen. Pudding von der Kochstelle nehmen und den Eidotter einrühren. Vanillestange entfernen. Pudding in, mit kaltem Wasser ausgespülte, Formen füllen. Mit Klarsichtfolie verschließen (das verhindert die Hautbildung) und kalt stellen.
Für die Schokoladensauce die Maisstärke in $^1/_3$ der Milch glatt rühren. Die restliche Milch mit der Schokolade und dem Rohrzucker aufkochen. Wenn die Schokolade geschmolzen ist, die glatt gerührte Milch einrühren. Nochmals aufkochen und ca. 1 Minute kochen lassen.
Vanillepudding stürzen und mit Schokoladensauce umgießen.

Kaiserschmarren

Wenn ich von einer langen Reise nach Hause komme, freue ich mich auf den Kaiserschmarren – das wohl berühmteste kaiserliche Gericht – so wie andere auf die Leberkässemmel. Die österreichischen Mehlspeisen sind für mich unübertroffen, wenn es um Süßes geht.

60 g Rosinen
2 EL Rum
180 g Mehl
Salz
3 EL Staubzucker
1 Pkg. Bourbon-Vanillezucker
abgeriebene Schale von $1/2$ Bio-Zitrone
4 Eier, getrennt in Eidotter und Eiklar
$1/8$ l Milch
50 g Butter

Die Rosinen in einer kleinen Schale in Rum einweichen.
Das Mehl in eine Rührschüssel geben. Mit Salz, Staubzucker, Vanillezucker, abgeriebener Zitronenschale, Eidottern und Milch zu einem dickflüssigen Teig rühren. Eine halbe Stunde rasten lassen, damit das Mehl quellen kann.
Dann das Eiklar mit einer Prise Salz zu steifem Schnee schlagen und vorsichtig unter den Teig ziehen.
In einer großen Pfanne Butter erhitzen, den Teig hineingeben und die Rosinen darauf verteilen. Die Temperatur zurücknehmen und den Teig auf einer Seite goldgelb backen.
Nach rund 8 Minuten vorsichtig wenden – das erfordert ein wenig Geschick, weil der Teig leicht reißt. Dann die zweite Seite backen – nochmals rund 8 Minuten. Zum Schluss den gebackenen Teig mit zwei Gabeln in Stücke teilen und fertig backen.
Mit Staubzucker bestreuen und mit Zwetschkenröster servieren.

Gebackene Hollerblüten

Im Frühling nehme ich das Fahrrad, setze meinen Jüngsten in den Kindersitz und suche die duftenden Hollerstauden, die vor den Toren des Nationalparks Donauauen wachsen. Aus den Blüten mache ich mit Zitronen und Zucker einen Dicksaft, der uns durchs ganze Jahr begleitet. Gebacken sind die Blüten eine herrliche Nachspeise. Ich verwende für den Backteig Bier, das den Blüten ein ganz besonderes Aroma verleiht. Sie können das Bier auch durch Mineralwasser oder Milch ersetzen.

200 g Mehl
$^{1}/_{4}$ l helles Bier (Mineralwasser oder Milch)
2 Eier, getrennt in Eiklar und Eidotter
1 Prise Salz
10 gr. Hollerblüten
Pflanzenöl oder Kokosfett zum Backen
80 g feiner Kristallzucker
1 TL Zimt gemahlen

Mehl, Bier, Eidotter und Salz zu einem dicken, flüssigen Teig verrühren. Das Eiklar nicht zu steif, also cremig, schlagen und unter den Teig heben.
Verwenden Sie am besten ganz frische Hollerblüten. Wenn sie anfangen auszublühen, verlieren sie beim Waschen ihre Blüten.
Die Hollerblüten sehr gut waschen, auf einem Küchenpapier gut abtropfen lassen. Die Stiele bis auf einen kleinen Stängel entfernen.
Hollerblüten an diesem Stängel halten, in den Backteig tauchen und im heißen Fett herausbacken. Auf Küchenpapier abtropfen lassen.
Eine Schale Kristallzucker mit gemahlenem Zimt vermischen. Die Hollerblüten damit bestreuen.

Versuchen Sie dieses Gericht auch mit Äpfeln. Nehmen Sie 3 Äpfel (Boskop oder Topaz). Die Äpfel schälen, mit einem Ausstecher das Kerngehäuse entfernen und in ca. 1 cm dicke Scheiben schneiden. Mit etwas Zitronensaft beträufeln. Durch den Backteig ziehen und im heißen Fett schwimmend backen.

Topfenknödel mit Apfelkompott

Wieder eines dieser süßen Gerichte, das ich so gerne als Hauptspeise nach einem Teller Gemüsesuppe koche. Es gibt viele Rezepte für Topfenknödel, das hier ist ein besonders einfaches, das gut gelingt. Und mit den richtigen Äpfeln wird auch das simple Kompott zum Hochgenuss.

Topfenknödel

Für den Teig:

- 500 g Topfen (10% Fett)
- 2 Eier
- 3 EL Grieß
- 3 EL Semmelbrösel
- 1 Prise Salz
- abgeriebene Schale von 1/2 Bio-Zitrone
- 1 EL Mehl bei Bedarf

- 50 g Butter
- 2 EL Kristallzucker
- 100 g Semmelbrösel
- Staubzucker zum Bestreuen

Für die Topfenknödel in einer Schüssel Topfen, Eier, Grieß, Semmelbrösel, Salz und Zitronenschale gut vermischen – danach mindestens 30 Minuten lang stehen lassen. Das ist wichtig, denn nur so bindet die Masse wirklich gut. Die Masse bleibt sehr weich, das ist aber in Ordnung. Sie müssen zum Formen der Knödel Ihre Hände mit kaltem Wasser nass machen, dann lässt sich die Masse gut bearbeiten.
In einem großen Topf Wasser mit Salz zum Kochen bringen. Einen kleinen Probeknödel formen, ins kochende Wasser einlegen. Sollte der Teig zu weich sein, kann man noch zusätzlich 1 EL Mehl in den Teig rühren. Dann alle Knödel formen und ins kochende Wasser einlegen. Rund 10 Minuten lang auf kleiner Flamme garen.
In einer Pfanne die Butter erhitzen, Kristallzucker zugeben und kurz durchrühren. Semmelbrösel einmischen und braun rösten. Die Knödel mit einem Schaumlöffel aus dem Wasser heben, abtropfen lassen und in den Semmelbröseln wälzen. Mit Staubzucker bestreuen.

Apfelkompott

- 4–5 Äpfel (zum Beispiel Topaz, gibt es als Bio-Äpfel in Supermärkten)
- Saft von 1/2 Bio-Zitrone
- 1 kl. Stk. Bio-Zitronenschale
- 5 EL Rohrzucker
- 1 Zimtstange
- 2 Nelken

Die Äpfel schälen, das Kerngehäuse entfernen und in Spalten schneiden. In einen Topf legen und mit Wasser bedecken – gerade soviel, dass sie darin schwimmen. Zitronensaft, Zitronenschale, Rohrzucker, Zimtstange und Nelken zugeben. Das Kompott aufkochen und sofort, wenn es kocht, von der Herdplatte ziehen, zugedeckt erkalten lassen.

Der schnellste Apfelkuchen der Welt

Der Apfel – der König der Früchte, mit dem schon in der biblischen Schöpfungsgeschichte Eva zur Verführung angetreten ist. Einst wurden in Europa mehr als 4.000 Apfelsorten kultiviert, heute findet man in den Supermärkten gerade noch eine Hand voll Sorten, standardisiert, rund, glatt, makellos. Im biologischen Obstbau werden jetzt viele alte, fast ausgerottete Sorten wieder entdeckt. Äpfel, die an die Gärten der Kindheit erinnern, die in den unterschiedlichsten Nuancen duften, die sich in Farbe, Süße und Säure unterscheiden.
Diesen Apfelkuchen mache ich, wenn ich unstillbaren Appetit auf Kuchen, aber überhaupt keine Zeit zum Backen habe. Er gelingt garantiert und das in Windeseile.

1 kg Äpfel (zum Beispiel Topaz, die es als Bio-Äpfel in Supermärkten gibt)
Butter für die Form
4 EL Rohrzucker
Saft von $^{1}/_{2}$ Bio-Zitrone
1 TL Zimt, gemahlen
Staubzucker zum Bestreuen

Für den Streusel:
120 g Mehl
50 g Rohrzucker
1 Pkg. Bourbon-Vanillezucker
50 g geriebene Mandeln
abgeriebene Schale von $^{1}/_{2}$ Bio-Zitrone
70 g Butter

Backrohr auf 180 °C vorheizen.
Die Äpfel schälen, Kerngehäuse entfernen und in Spalten schneiden. Ein Backblech oder eine große Auflaufform mit Butter einstreichen. Die Apfelspalten einfüllen, mit Rohrzucker, Zitronensaft und gemahlenem Zimt bestreuen.
Für den Streusel in einer Rührschüssel das Mehl mit dem Rohrzucker, dem Vanillezucker und den Mandeln (Sie können die Nüsse auch weglassen.) und abgeriebener Zitronenschale vermischen. Die Butter in einem Topf zerlassen und lauwarm über die Masse schütten. Jetzt so vermischen, dass kleine Klümpchen entstehen. Diese Masse mit den Händen über den Äpfeln verteilen und im Rohr rund 40 Minuten lang backen. Überkühlen lassen und mit Staubzucker bestreuen. Dieser Apfelkuchen schmeckt wunderbar mit halbfest geschlagenem Obers oder Vanilleeis.

Sie können diesen Kuchen auch mit Rhabarber, halbierten Marillen oder entkernten Kirschen machen.

Rhabarber-Tarte

Das ist sozusagen die große Schwester des schnellen Apfelkuchens. Mit Rhabarber, der botanisch gesehen zum Gemüse gehört, koche ich sehr gerne. Er ist reich an Vitaminen, Mineralstoffen und Fruchtsäuren. Roh ist er ungenießbar, weil er zuviel Oxalsäure enthält. Aber gekocht oder gebacken ist er ein Gedicht. Rhabarber ist sauer – sehr sauer sogar. Deshalb müssen sie bei der Verwendung von Zucker großzügig sein.

1 kg Rhabarber
300 g Rohrzucker
1 TL gemahlener Zimt

Der einfache 1:2:3-Mürbteig:
(1 Teil Zucker, 2 Teile Butter, 3 Teile Mehl) für eine Tarte-Form von 26 cm Durchmesser
300 g Mehl
100 g Kristallzucker
1 Prise Salz
1 Pkg. Bourbon-Vanillezucker
abgeriebene Schale von $^1/_2$ Bio-Zitrone
1 Ei
200 g kalte Butter
Mehl zum Ausrollen
Butter für die Form

Backrohr auf 180 °C vorheizen.
Rhabarber schälen, waschen und in ca. 2 cm lange Stücke schneiden. In einer Schüssel mit Rohrzucker und gemahlenem Zimt vermischen.
Für den Mürbteig in einer Rührschüssel Mehl und Zucker mit einer Prise Salz, dem Vanillezucker und der Zitronenschale mischen. Das Ei hineinschlagen und die kalte Butter, die Sie in kleine Stückchen schneiden, dazugeben. Jetzt alles schnell mit den Händen zu einem glatten Teig verkneten. Achtung: nicht zu lange kneten. Sie müssen wirklich schnell arbeiten, damit die Butter nicht zu weich wird. Wenn Ihnen das gelingt, können Sie den Teig sofort nachher weiterverarbeiten und müssen ihn nicht im Kühlschrank 20 Minuten lang ruhen lassen. Dort wird er meist so hart, dass er sich nicht mehr gut ausrollen lässt.
Mehl großzügig auf einer Arbeitsplatte verteilen. Den Teig in zwei Teile schneiden. Den ersten Teil ausrollen, dabei auch die Oberseite des Teigs bemehlen, damit das Nudelholz nicht kleben bleibt. Dann in eine bebutterte Tarte-Form legen. Sollte der Teig dabei zerreißen, dann können Sie ihn – zwar nicht professionell, aber praktisch – in der Tarte-Form wieder zusammenkleben.
Dann den Rhabarber einfüllen. Den zweiten Teil des Teigs ausrollen und als Deckel über den Rhabarber legen.
Im Backrohr rund 40 Minuten lang backen.

Auch dieser Kuchen gelingt wunderbar mit Kirschen oder Marillen. Wenn Ihnen der Rhabarber zu sauer ist, können Sie ihn zur Hälfte mit Äpfeln mischen. In diesem Fall – und auch bei jedem anderen Obst – die Rohrzuckermenge auf 100 g reduzieren.
Am besten schmeckt der Kuchen lauwarm mit Schlagobers oder Vanilleeis.

Kirschenstrudel

Strudelteige, sagen die wahren Gourmets, müssen natürlich selbst gemacht sein. Ich gebe ihnen dabei sogar Recht, weil diese Strudelteige ganz einfach unübertroffen sind – wenn man die Kunst beherrscht, sie wirklich ganz dünn auszuziehen. So dünn, dass man die darunter liegende Zeitung lesen kann. Manchmal packt mich dieses Fieber auch, dann ziehe ich den Strudelteig über den großen Esstisch – allerdings nie in der schnellen Küche. Da komme ich mit Fertigprodukten ganz gut über die Runden.

1,5 kg Kirschen
70 g Butter
130 g Semmelbrösel
180 g Kristallzucker oder Rohrzucker
1 TL gemahlener Zimt
1 Pkg. Strudelteig (für 2 Strudel)
100 g flüssige Butter
Butter für die Form

Die Kirschen waschen und entkernen. Das mache ich mit einem praktischen Küchengerät, dem Kirschenentkerner. Damit geht das wesentlich einfacher und schneller als von Hand.
Den Backofen auf 200 °C vorheizen.
In einer Pfanne die Butter zerlassen und Semmelbrösel darin hellbraun rösten.
Kristallzucker mit dem Zimt vermischen und gemeinsam mit den Butterbröseln unter die Kirschen mischen.
Strudelteig nach Anleitung auflegen. Bei den gekauften Teigen wird immer flüssige Butter zwischen zwei Strudelblätter gestrichen. Die Hälfte der Kirschenmasse darauf verteilen. Zuerst die Enden einschlagen und dann mit einem Küchentuch straff einrollen.
Auf ein bebuttertes Blech legen. Mit dem nächsten Strudel genauso verfahren.
Rund 30 Minuten lang backen.

Der Gugelhupf

Es ist wirklich „Der Gugelhupf", weil dieses Rezept zu meinen absoluten Lieblingen gehört. Es stammt von zwei genialen österreichischen Köchen, den Gebrüdern Obauer aus Werfen, und beweist, dass Spitzenküche nicht notgedrungen aufwändig, kompliziert und schlichtweg für die schnelle Küche unbrauchbar ist. Ich habe es leicht abgewandelt und nehme weniger Zucker. Dieser Gugelhupf schmeckt nicht nur grandios, er ist in knapp 20 Minuten im Rohr. Perfekt, wenn unerwartet Gäste kommen.

1/4 l Schlagobers
200 g Staubzucker
1 Pkg. Bourbon-Vanillezucker
4 Eier, getrennt in Eiklar und Eidotter
250 g Mehl
1/2 Päckchen Weinstein-Backpulver
3 EL Milch
1 Prise Salz
3 gr. EL Schokoladen-Haselnusscreme

Backrohr auf 180 °C vorheizen.
In einer Rührschüssel das Schlagobers halbfest schlagen. Dann Staubzucker und Vanillezucker zugeben und jetzt steif schlagen. Die Eidotter einrühren. Das Mehl mit dem Weinstein-Backpulver mischen und über die Masse sieben. Gemeinsam mit der Milch unterrühren.
Eiklar mit Salz zu einem festen Schnee schlagen und vorsichtig unterheben.
Die Hälfte des Teiges in eine Silikonform füllen. Diese Formen schätze ich so, weil sie das mühsame Ausbuttern und Bemehlen überflüssig machen. Man bekommt sie in Haushaltswarengeschäften und gut sortierten Küchenabteilungen von Einrichtungshäusern.
In die andere Hälfte des Teigs die Schokoladen-Haselnusscreme zügig einrühren und ebenfalls in die Form einfüllen. Rund 45 Minuten lang backen.
Überkühlen lassen und stürzen – in meiner Küche hat der Gugelhupf selten Zeit, wirklich kalt zu werden, weil er vorher aufgegessen ist.

Sie können statt der Schokoladen-Haselnusscreme auch 5 EL dunkle Schokoladeflocken einrühren.

Praxis im Küchen-Alltag
die Basics

Basics nenne ich alle Zutaten in meiner Küche, die für das Kochen und vor allem den guten Geschmack unentbehrlich sind.
Es wird Ihnen auffallen, dass ich bestimmte Zutaten, wie Rohrzucker, Balsam-Essig, frische Kräuter oder bestes Olivenöl, immer wieder verwende. Sie machen die Zubereitung einfacher und das Essen besser.
Ein gutes Beispiel dafür sind Salatmarinaden. Sie werden in diesem Buch kein Rezept finden, für das Sie zehn verschiedene Zutaten brauchen, ich empfehle Ihnen ganz einfach, den besten Essig und das beste Öl zu verwenden.
Das entspricht meiner Grundeinstellung. Ich bin eine Verfechterin der Einfachheit, sie schafft für mich Klarheit – besonders im Geschmack.
Aromen pur und unverfälscht zu erleben, das ist für mich wirklicher Genuss.
In Österreich gibt es viele Produzentinnen und Produzenten, die sich dieser Philosophie verschrieben haben und es lohnt sich, deren Produkte für sich zu entdecken.

Essig

„Sauer macht lustig" ist die Devise. Essig, lange Zeit ein Stiefkind unserer Küche, hat im vergangenen Jahrzehnt einen ungeheuren Aufschwung erlebt.

Bereits die Römer haben Essig aus Traubenmost oder Feigen verwendet. Zum Aromatisieren und Haltbarmachen von Speisen ist er seit Jahrhunderten bekannt.

In der Küche von heute verwendet man ihn für Salate, zum Kochen und zum Verfeinern vieler Speisen – selbst manchen Desserts verhilft der richtige Essig zur wahren Perfektion.

Essig ist ursprünglich nichts anderes als nochmals gegorener Wein. Grundsätzlich gilt, dass nur aus dem besten Ausgangsmaterial der beste Essig hergestellt werden kann. Ganz gleich ob Wein, Früchte oder Gemüse – die Qualität bestimmt den Geschmack. Der berühmteste Essig ist sicherlich der *Aceto Balsamico Tradizionale* aus Modena in Italien. Hergestellt aus eingekochtem Traubenmost, reift er oft jahrzehntelang in Eichenfässern.

Wie bei allen Naturprodukten ist es wichtig, dass bei der Produktion von gutem Essig keine Zusätze verwendet werden, dass er frei ist von Konservierungsstoffen und Zuckercouleur, das der Farbe nachhelfen soll.

In Österreich gibt es heute ein vielfältiges Essigangebot regionaler Produzenten. Sie erzeugen die unterschiedlichsten Weinessige, Fruchtessige – von Apfel über Himbeere, Quitte bis Zwetschke–, Gemüseessige – wie Gurken-, Rote Rüben-, oder Paradeisessig – und herrliche Süßessige aus Äpfeln, Feigen oder Trockenbeeren.

Diese Aromenvielfalt macht das Kochen und Essen zum Hochgenuss. Ich kaufe viele Produkte ganz einfach im Internet – meine Lieblingsadressen sind: www.goelles.at, www.gegenbauer.at, www.pletterbauer.com, www.essig.at und www.culinarium.at.

Öl

Öle gehören natürlich zur Grundausstattung jeder Küche. Mittlerweile hat sich im Bewusstsein vieler Menschen durchgesetzt, dass sie um einiges gesünder als tierische Fette sind. Pflanzliche Öle aus Nüssen, Samen, Kernen oder Keimen enthalten viele essenzielle, einfach oder mehrfach ungesättigte Fettsäuren, Mineralien, Spurenelemente und Vitamine. Kaltgepresste Öle sind nicht nur wesentlich aromatischer, sondern ganz einfach besser als raffinierte, heiß behandelte und chemisch gereinigte Flüssigfette.

Zu meinen Lieblingsölen gehören, wie bei allen Lebensmitteln, Produkte aus biologischem Landbau.

OLIVENÖL bringe ich jedes Jahr vom Urlaub aus der Toskana mit nach Hause. Fruchtig, intensiv nach Oliven duftend, säurearm und mild; für Salate und die mediterrane Küche.

SONNENBLUMENÖL, das Öl für alle Fälle; ideal zum Kochen und Dünsten.

RAPSÖL, ein besonders gesundes Öl, mit viel Vitamin E und Provitamin A; gut geeignet zum Braten.

SESAMÖL hat einen feinen, exotischen, nussigen Geschmack; ideal für asiatische Gerichte.

ERDNUSSÖL lässt sich besonders gut erhitzen und passt wie das Sesamöl gut zur asiatischen Küche.

TRAUBENKERNÖL aus Weintraubenkernen, sehr neutral im Geschmack; ich verwende es gerne zum Braten.

KÜRBISKERNÖL, die steirische Spezialität, eines der besten Salatöle schlechthin.

WALNUSSÖL besticht durch sein feines Nussaroma, macht sich auf jedem Salat gut.

MOHNÖL aus dem Waldviertel; verfeinert Süßspeisen und gibt ihnen eine ganz besondere Note.

WILHELM
Feinster
Honigessig
ACETO BALSAMICO
Edles aus Obst
Quitten
Essig
Im Barriquefass gereift
Dipl.-Ing. Angela Schmid

Gewürze

Gewürze waren einst kostbares Handelsgut, haben Menschen zu Entdeckerreisen angespornt und sind noch heute Goldes wert.
In meiner Küche jedenfalls haben sie einen hohen Stellenwert. Ich reise gerne und liebe es, in fremden Ländern Märkte zu erkunden. Von dort habe ich schon viele exotische, duftende Gewürze im Gepäck nach Hause transportiert.
Wichtig ist, dass Sie frische Gewürze verwenden. Dazu ist es von Vorteil, sich Gewürzmühlen zuzulegen. Frisch gemahlener schwarzer Pfeffer hat ein unvergleichlich besseres Aroma als Pfeffer aus dem Pfefferstreuer. Dasselbe gilt für Muskatnüsse und sämtliche Gewürze der asiatischen Küche.
Da auch beim Gewürzanbau in der konventionellen Landwirtschaft jede Menge Kunstdünger und vor allem Spritzmittel verwendet werden, nehme ich Produkte aus Bio-Landbau – besonders empfehlen kann ich Ihnen die Waldviertler Produkte von *Sonnentor* – in Reformhäusern und im Internet unter www.sonnentor.at zu finden.
Für viele meiner süßen Rezepte benötigen Sie VANILLE, die Schote einer lianenhaften Kletterorchidee und die Königin aller Gewürze. In unseren Supermärkten finden Sie Vanilleschoten und Bourbon-Vanillezucker, wie die echte Vanille aus Madagaskar auch bezeichnet wird. Ich verwende nur diese, und auf keinen Fall Vanillin. Das ist zwar um einiges billiger, dafür aber synthetisch hergestellt, ursprünglich aus Holzabfällen destilliert.
ROHRZUCKER ist noch so ein Klassiker in meiner Küche. Auf einer Reise nach Mauritius hat er mich in seinen Bann gezogen. Ein Zuckermuseum auf der Insel bringt den Besuchern nicht nur die Kulturgeschichte und industrielle Verarbeitung des Zuckerrohrs näher, in einem Shop können rund 30 verschiedene Rohrzuckerarten verkostet werden: einfach himmlisch, diese Aromen- und Geschmacksvielfalt!
Besonders der dunkle, mit Melasse gefärbte Demerara-Zucker, den man auch hierzulande in Supermärkten erhält, macht viele Süßspeisen und Currys einzigartig.
SALZ ist die wichtigste Würze in der Küche. Seit Urzeiten Symbol des Reichtums und der Macht. Das Salz hat vielen Städten zu Wohlstand und Ansehen verholfen und einigen, so wie Salzburg, ihren Namen gegeben.
Reines Natriumchlorid wird als Kochsalz bezeichnet. Andere Salze, wie z. B. Meersalz, enthalten aber zusätzlich Mineralstoffe, die auch dafür verantwortlich sind, dass sie unterschiedlich schmecken.
Ich verwende gerne fertige Bio-Gewürzsalzmischungen, stelle jedoch auch selbst Salzmischungen her (siehe Seite 78). Das geht ganz einfach und mit wenig Aufwand. Wenn Sie Kräuter im eigenen Garten haben, können Sie im Herbst auf diese Weise einige davon für den langen Winter konservieren.

Kräuter

Frische Kräuter bereichern jede Küche und jeden Garten. Im Sommer ist mein Kräutergarten eine Quelle des unbändigen Genusses. Am liebsten zerreibe ich die sonnenwarmen Blätter zwischen den Fingern und genieße den Duft der leicht flüchtigen ätherischen Öle. Wenn Sie noch wenig Erfahrung mit Kräutern haben, dann machen Sie es so wie ich – Kräuter durch Zerreiben, Riechen und Schmecken zu erkunden, ist ein sinnliches Erlebnis.
Zum Glück braucht man für viele Kräuter nicht den berühmten grünen Daumen. Die meisten sind sehr anspruchslos, wenig krankheitsanfällig und recht einfach zu ziehen. Für ein paar braucht man nicht einmal einen eigenen Garten, sie gedeihen prächtig in Töpfen auf der Terrasse oder dem Fensterbrett und betören durch ihren Duft und ihre Schönheit.
Kräuter sind faszinierende Pflanzen. Das Wissen um ihre Wirksamkeit und ihren Geschmack ist tausende von Jahren alt und verbunden mit Geschichten von heilkundigen Mönchen, hellsichtigen Hexen und Kräuterweiblein. Vieles von diesem beinahe in Vergessenheit geratenen Wissen wird heute wieder entdeckt – in der Medizin, der Naturheilkunde und in der Küche.
In der Küche sind frische Kräuter ein großer Gewinn – sie machen das Kochen einfach und geben auch den simpelsten Gerichten den richtigen Pfiff.

Fleur de
Original Wurzi's

In meinem Kräutergarten wachsen ein- und mehrjährige Kräuter und Stauden wie Petersilie, Schnittlauch, Minze, Borretsch, Fenchel, Zitronenmelisse und Liebstöckel. Mit ihren Aromen verfeinere ich Suppen, Desserts und viele traditionell österreichische Gerichte.

Mediterrane Pflanzen – Thymian, Rosmarin, Oregano, Lavendel, Salbei und Basilikum – sind für mich unverzichtbar in vielen Pasta-Gerichten und Salaten, bei Fisch und Fleisch. Besonderen Spaß macht mir das Entdecken von Exoten. Jedes Jahr pflanze ich neue an – von A bis Z, von Ananassalbei bis zur Zitronenverbene, die ich Ihnen, wie auf Seite 134, in der Kombination mit Erdbeeren nur empfehlen kann.

Kräutersalz

100 g Meersalz
1 TL Paprikapulver, mild
weißer Pfeffer aus der Mühle
2 EL Thymian, gerebelt, getrocknet
2 EL Rosmarin, gezupft, fein gehackt, getrocknet
1/2 TL Bio-Zitronenschale, gerieben

Alle Zutaten vermischen. Falls das Salz zu feucht ist, schütten Sie es auf ein Backblech und trocknen es bei 60 °C im Backrohr. Dann in einem gut verschließbaren Glas aufbewahren.

Dieses Kräutersalz eignet sich hervorragend zum Würzen von Fleisch und Fisch.

Marmelade

Der Sommer ist für mich die Zeit des Überflusses. Frische Kräuter, junges Gemüse und Früchte – Erdbeeren, Himbeeren, Kirschen, Brombeeren, Marillen, Pfirsiche, Heidelbeeren – ein Schlaraffenland.

Ich liebe Früchte und ich esse sie auch sehr gern verkocht als Marmelade. Ich mache meine Marmelade seit vielen Jahren selbst – eine Angewohnheit, die ich von meiner Mutter übernommen habe.

Wer einmal selbst gemachte Marmelade aus den besten, reifsten und süßesten Früchten der Saison gemacht hat, wird mich verstehen. Probieren Sie es auch aus, Sie werden es nicht bereuen. Allerdings rate ich Ihnen, sich beim ersten Mal nicht zuviel vorzunehmen. Beginnen Sie mit einer kleinen Menge, dann ist Marmeladekochen alles andere als eine zeitraubende, komplizierte Angelegenheit.

Beim Marmeladekochen würde ich mich als Puristin bezeichnen, ich halte nicht viel von schrägen Geschmackskombinationen à la Erdbeeren mit Ingwer und Zitronengras, die zur Zeit modern sind. Meine Marmelade besticht ausschließlich durch die besten Früchte. Deshalb hole ich meine Marillen aus der Wachau und die Erdbeeren kaufe ich beim einzigen Bio-Erdbeerproduzenten in Wien am Biberhaufenweg in der Donaustadt.

Marillenmarmelade

3 kg Marillen
Saft von 1 Bio-Zitrone
1,5 kg Gelierzucker 2:1
(Das ist Gelierzucker, bei dem für jedes Kilo Frucht nur ein halbes Kilo Zucker verwendet wird.)
Gläser mit Schraubverschlussdeckel

Einen kleinen Topf mit Wasser füllen und die Deckel der Gläser darin zum Kochen auf den Herd stellen. Dadurch werden sie sterilisiert.

Die Marillen waschen, halbieren, entsteinen und in kleine Würfel schneiden. In einem großen Topf diese Marillenwürfel mit dem Zitronensaft und dem Gelierzucker erhitzen. Beachten Sie die genaue Anleitung auf der Packung. Die Marmelade rund 8 Minuten kochen. Machen Sie eine Gelierprobe. Geben Sie einige Tropfen der heißen Marmelade auf einen Teller. Wird die Probe beim Erkalten fest, ist die Marmelade fertig gekocht.

Einen Trichter auf die ausgewaschenen Marmeladegläser setzen und die heiße Marmelade einfüllen. Die Ränder der Gläser penibel sauber halten. Wenn Marmelade auf den Rand tropft mit einem sauberen Küchenpapier abwischen.

Die Gläser bis einen Zentimeter unter den Rand voll füllen. Dann mit einer Gabel die Deckel aus dem heißen Wasser

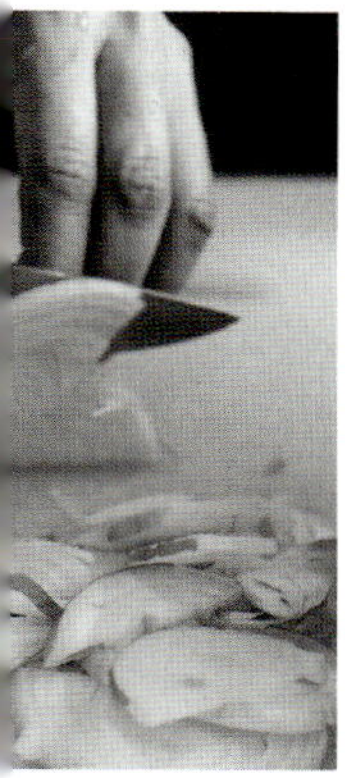

nehmen und auf die Gläser schrauben. Die fest zugeschraubten Gläser umdrehen und so erkalten lassen.
Tipp: Sie können es sich noch einfacher machen, das gilt übrigens auch für Erdbeeren. Wenn Sie die Marillen nicht in Würfel schneiden wollen, halbieren Sie sie, kochen Sie die Früchte wie oben beschrieben mit Zitronensaft und Gelierzucker auf und passieren Sie alles mit dem Pürierstab.

Die Basis für Fleischsaucen – der Jus

basis-jus

Auch der Jus gehört zu den Basics – alle Fleischgerichte, deren Rezepte Sie im Kapitel „Das große Kochen" finden, benötigen als Basis für die Sauce Jus. Und Sie können mir glauben: Am besten ist der Jus, den man selbst gemacht hat.
Ich mache Jus immer auf Vorrat und friere ihn in kleinen Portionen ein. Das macht das Kochleben wirklich einfacher. Sie machen sich einmal die Arbeit und haben dann für etliche Menus den perfekten Grundstoff.

Kalbs- oder Rindsjus

2 kg Kalbs- oder Rindsknochen (Brust oder Haxe)
10 EL Traubenkernöl
200 g Gemüse (Karotten, Sellerie, gelbe Rübe), in kleine Würfel geschnitten
300 g Zwiebel, mit der Schale in dünne Ringe geschnitten
eventuell 2 EL Öl
100 g Paradeispüree
1/4 l Rotwein

Die Knochen vom Fleischer möglichst klein hacken lassen. Das Öl in einem sehr großen Topf erhitzen. Knochen dazugeben und jetzt unter ständigem Rühren so lange rösten, bis die Knochen eine goldbraune Farbe haben. Sie müssen wirklich sehr kräftig rühren, damit die Knochen nicht anbrennen, sondern bräunen.
Dann die Gemüsewürfel und die Zwiebel dazugeben und mitrösten. Wenn die Knochen zu wenig Fett abgeben, geben Sie jetzt noch 2 EL Öl zu. Weiter auf hoher Flamme rösten. Jetzt das Paradeispüree einmischen und weiterrühren. Das Püree muss ebenfalls eine braune Farbe annehmen, es darf nicht rot bleiben und vor allen Dingen nicht anbrennen. Das würde den Jus bitter machen.
Also gut rühren und dann den Wein zugießen und mit kaltem Wasser auffüllen, bis die Knochen bedeckt sind. Jetzt alles zum Kochen bringen. An der Oberfläche schwimmt nun Schaum, diesen mit einem Schöpflöffel abschöpfen. Die Hitze zurückdrehen und den Jus mindestens 3 Stunden lang leise köcheln lassen.
Dann alles durch ein sehr feines Sieb abgießen und den Jus nochmals zum Kochen bringen. Jetzt lassen Sie ihn auf mittlerer Flamme so lange kochen, bis er auf rund 1/2 l einreduziert ist. Die obere Fettschicht abschöpfen und den Jus erkalten lassen.
Tipp: Diesen Jus verwende ich auch für Lammgerichte, weil ich Lammknochen im Geschmack zu intensiv finde.

Wildjus

1 kg Wildknochen
100 g Suppengemüse (Karotten, Sellerie, gelbe Rübe), in kleine Würfel geschnitten
1 kl. Zwiebel, in Scheiben geschnitten
1 Lorbeerblatt
6 Wacholderbeeren
1 Thymianzweig
10 weiße Pfefferkörner
Rotwein
5 EL Traubenkernöl
50 g Paradeispüree

Geben Sie die Wildknochen mit dem Suppengemüse, der Zwiebel, dem Lorbeerblatt, den Wacholderbeeren, dem Thymianzweig und den weißen Pfefferkörnern in ein Gefäß. Mit Rotwein aufgießen, bis die Knochen bedeckt sind. Gut verschließen und im Kühlschrank mindestens 24 Stunden lang marinieren lassen.
Dann die Knochen und das Gemüse in einem Sieb gut abtropfen lassen, dabei die Marinade auffangen und beiseite stellen. Die Knochen mit Küchenpapier trockentupfen. In einem großen Topf das Traubenkernöl erhitzen, Knochen darin unter ständigem Rühren bräunen.
Paradeispüree zugeben. Achtung: Es muss eine braune Farbe annehmen, darf aber nicht verbrennen, das würde den Jus bitter machen. Dann mit der Marinadenflüssigkeit ablöschen und so viel Wasser zugießen, dass die Knochen vollkommen bedeckt sind. Alles aufkochen und den Schaum, der dabei entsteht, abschöpfen. Die Hitze zurücknehmen und den Jus mindestens 4 Stunden lang kochen lassen. Dann gießen Sie ihn durch ein feines Sieb, schöpfen die oberste Fettschicht ab, kochen ihn wieder auf und reduzieren ihn dabei auf rund 300 ml.

Das große Kochen – die feine Küche

Feste zu feiern und meine Familie und Freunde zu bekochen, liebe ich. Für mich gibt es nichts Schöneres als einen riesengroßen Esstisch, um den sich Menschen versammeln, die mir lieb und teuer sind.

Große Festessen und Essenseinladungen gibt es bei uns zu Hause häufig. Doch ich will Ihnen nichts vormachen: Ich koche vier- oder fünfgängige Menus nicht nach einem achtstündigen Stresstag, als Draufgabe sozusagen. Für große Essen brauche ich Zeit, zumindest einen ganzen Tag, an dem ich mich allein in mein Küchenreich zurückziehen kann.

Doch alles der Reihe nach. Am Beginn eines gelungenen Essens steht eine gute Planung – nichts ist wichtiger, als dass man sich nicht übernimmt. Ich finde Essenseinladungen ziemlich anstrengend, bei denen man die extrem gestressten Gastgeber höchstens dann sieht, wenn sie aus der Küche auftauchen, um den nächsten Gang zu servieren. Ich möchte Zeit für meine Gäste haben, ich will mit ihnen reden, lachen, diskutieren – und mich vor allem mit ihnen wohl fühlen.

Und dazu braucht man eine ziemlich gute Planung, weil eines unterscheidet uns Hausfrauen und -männer ganz wesentlich von den Spitzenköchen: Wir sind ganz allein in der Küche, uns fehlt die Brigade von helfenden Händen, die Gemüse putzt, Schlagobers schlägt oder 20 Minuten lang nichts anders zu tun hat als Risotto zu rühren.

Ich erstelle den Menuplan einige Tage vor dem Essen – im Mittelpunkt steht dabei natürlich das, was kulinarisch in die Saison passt und wovon ich mich beim Einkaufen auf dem Markt verführen lasse. Wenn ich vier oder fünf Gänge servieren will, überlege ich mir sehr genau, wie viel Aufwand welcher Gang bedeutet. Entscheidend ist, was vorbereitet werden kann, wann das Backrohr belegt ist, wie viele Teller ich brauche usw.

Die Einkäufe erledige ich immer am Vortag. Diesen Tag nütze ich auch für Vorbereitungen. Ich mache zum Beispiel Desserts wie das Schokoladeparfait und koche den Jus für das Filet mit rosa Pfeffersauce. Das sind Investitionen, die sich lohnen. Sie nehmen den Druck aus allem, was kommt.

Einen Tipp habe ich noch – ein gutes Essen, das Ihre Freunde und Sie genießen, hängt nicht von der Zahl der Gänge ab. Zwängen Sie sich nicht in ein Korsett und versuchen Sie nicht, als Powerfrau/Powermann in der Küche zu glänzen. Servieren Sie einen frischen Salat, kochen Sie einen herrlichen Risotto und stellen Sie verführerisch duftende Erdbeeren auf den Tisch und der Abend wird ein gelungener sein.

Zum Abschluss noch eines zu den folgenden Mengenangaben. Prinzipiell sind alle Gerichte für acht Personen ausgelegt – ich habe diese Gästeanzahl für mich als One Woman Show als Obergrenze für ein mehrgängiges Menu ausgelotet.

Wenn Sie nur einen oder zwei Gänge kochen wollen, müssen Sie die Mengen, die für ein viergängiges Menu vorgesehen sind, natürlich variieren.

Alle Rezepte wenn nicht anders angegeben für 8 Personen

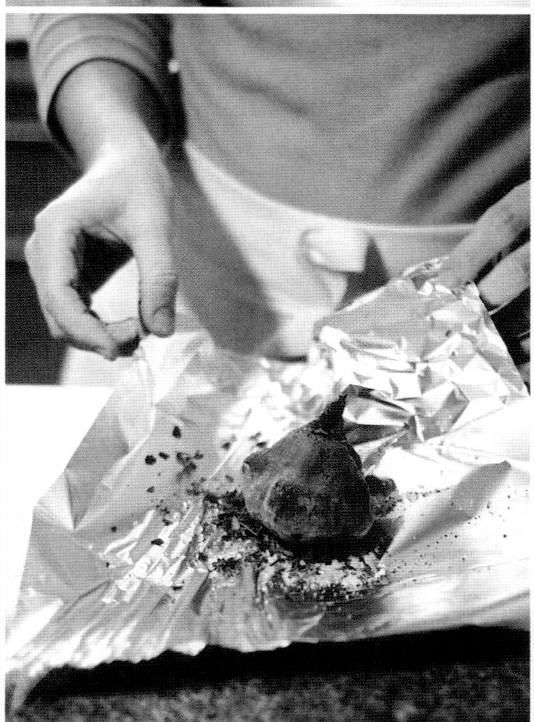

Brot (1 Grundrezept und 3 Variationen)

Brot backe ich, weil es Spaß macht. Natürlich kann man wunderbares Brot kaufen, aber der Geruch von frisch gebackenem Brot in den eigenen vier Wänden ist einfach einzigartig. Abgesehen davon ist Weißbrot backen keine Hexerei. Versuchen Sie es, es ist wirklich einfach und geht ganz schnell. Wenn Sie eine Küchenmaschine zur Hand haben, ist der mühsamste Teil schon erledigt: das Kneten. Beim Aromatisieren sind Ihrer Fantasie dann keine Grenzen gesetzt. Ich backe Weißbrot gerne mit getrockneten Paradeisern, Oliven oder Rosmarin. Bei einem großen Essen macht das Brot den Auftakt und setzt den Schlusspunkt, ich serviere es zu den Startern und zum Käse.

Für den Brotteig:

500 g Weizenmehl (Typ Universal)
1 Pkg. Trockengerm (à 7 g)
3 EL Olivenöl
10 g Meersalz
3/8 l lauwarmes Wasser
Olivenöl zum Bepinseln

Für die 3 Variationen:

40 g getrocknete Paradeiser, klein geschnitten
40 g Oliven, entsteint und gehackt
1 Bund Rosmarin, gewaschen, gezupft und gehackt

Backrohr auf 180 °C vorheizen.
Für den Brotteig das Mehl, die Germ, das Olivenöl und Salz in die Schüssel einer Küchenmaschine geben. Schalten Sie das Rührwerk an und geben Sie langsam lauwarmes Wasser zu. Gerade so viel, dass sich der Teig gut kneten lässt. Er soll sich schwer bewegen lassen und darf nicht zu weich sein. Nach 10 Minuten Knetzeit sollte er glatt und seidig sein. Jetzt entfernen Sie die Knethaken und decken die Schüssel mit einem Küchentuch zu. Lassen Sie den Teig an einem warmen, zugfreien Platz aufgehen – das dauert rund 40 Minuten.
In der Zwischenzeit schneiden Sie die Paradeiser und die Oliven klein, waschen, zupfen und hacken den Rosmarin.
Wenn sich das Volumen des Teiges verdoppelt hat, kneten Sie ihn nochmals mit den Händen durch. Schlagen Sie ihn ruhig in der Schüssel, damit die Luft entweicht.
Dann teilen Sie ihn in 4 gleich große Stücke und kneten jeweils entweder Paradeiser, Oliven oder Rosmarin ein. Formen Sie Teigstangen und legen Sie diese Brote auf ein Backblech, das Sie mit Backpapier belegt haben. Nochmals zudecken und 20 Minuten ruhen lassen – der Teig soll fast doppelt so groß werden.
Die Brote mit Olivenöl bepinseln und ins vorgeheizte Rohr schieben. Bei 180 °C rund 20 Minuten lang backen, bis sie schön hellbraun sind. Als Garprobe können Sie an die Unterseite des Brotes klopfen, wenn es hohl klingt, ist es fertig.

Wenn ich für Gäste koche, serviere ich zu Beginn immer einige kleine Häppchen – zum Appetitmachen. Meist werden diese Starter nicht am Esstisch gegessen, sondern direkt in der Küche – sie ist der Mittelpunkt unseres Hauses. Und ich finde es wunderbar, wenn ich noch die eine oder andere Vorbereitung treffen muss und dabei die Gäste um mich habe, beschäftigt mit einem Glas Prosecco und einigen Köstlichkeiten.

Aufstrich aus getrockneten Paradeisern

50 g getrocknete Paradeiser
Olivenöl nach Bedarf

Die Paradeiser in kaltem Wasser einweichen. Rund 10 Minuten lang stehen lassen, dann das Wasser abgießen und die Paradeiser ausdrücken – damit verlieren sie ihren oft extremen Salzgehalt. Mit einem Pürierstab passieren und dabei langsam Olivenöl zugeben. So lange weitermixen, bis eine homogene Paste entsteht.

Caprese-Sticks

500 g Kirschparadeiser
2 Pkg. Baby-Mozzarella (à 125 g)
1 Bund Basilikum
Zahnstocher
Meersalz, schwarzer Pfeffer
Balsam-Essig (z. B. „Alter Balsam Apfelessig“ von Alois Gölles)
Olivenöl

Caprese nennen die Italiener ihren „Mozzarella con Pomodoro“, ich mache Ministicks daraus.
Die Kirschparadeiser waschen und halbieren.
Jeweils einen Babymozzarella und ein Basilikumblatt zwischen zwei Kirschparadeiserhälften auf einen Zahnstocher spießen. Mit Meersalz und frisch gemahlenem schwarzen Pfeffer bestreuen. Mit Balsam-Essig und Olivenöl beträufeln.

Frischkäse mit Kräutern

2 Pkg. Frischkäse (à 125 g)
je 1 EL Schnittlauch, Basilikum, Rosmarin, Estragon, Liebstöckel, Thymian (sämtliche Kräuter gewaschen, gezupft und gehackt)
Meersalz
weißer Pfeffer

Also bei diesem Rezept kann man nichts falsch machen – nehmen Sie die frischen Kräuter, die Sie im Garten haben oder im Supermarkt kaufen können. Jede Variation ist erlaubt.
Den Frischkäse in eine Schüssel geben, mit den Kräutern, Meersalz und weißem Pfeffer vermischen.

Blattsalate mit gebratener Entenbrust

Frische, knackige Salate sind ein großartiger und vor allem leichter Einstieg in ein mehrgängiges Essen. Die Variationsmöglichkeiten sind enorm. Ich mache Ihnen hier einen Vorschlag mit Entenbrust, aber Sie können auch Ziegenkäse, Mozzarella oder kurz gebratenen Spargel verwenden. Ich mache keine aufwändigen Salatmarinaden, weil ich finde, dass tolle Essige und Öle einen Salat vollkommen machen. Mehr dazu finden Sie im Kapitel „Basics“ S. 74.

1 kl. Radicchio
1 Hand voll Rucola
1 Hand voll Vogerlsalat
2 Entenbrüste (à ca. 300 g)
Meersalz, frisch gemahlener schwarzer Pfeffer
2 EL Traubenkernöl
3 EL frischer Thymian, gewaschen und gezupft
2 kl. Schalotten, fein gehackt
5 EL weißer Balsam-Essig oder guter, milder Weinessig
5 EL Walnussöl

Das Backrohr auf 220 °C vorheizen.
Den Salat putzen, waschen und trockenschleudern.
Die Entenbrüste kräftig mit Salz und Pfeffer würzen. In einer Pfanne Traubenkern- oder ein anderes Pflanzenöl erhitzen und die Entenbrüste darin anbraten. In das vorgeheizte Rohr stellen und mit frischem Thymian bestreuen. Nach 10 Minuten das Backrohr auf 60 °C zurückdrehen und die Entenbrust weitere 10 Minuten im Rohr rasten lassen. Dann herausnehmen und überkühlen lassen.
In einer Salatschüssel die Salate mit den sehr fein gehackten Schalotten, Balsam-Essig, Salz, Pfeffer und Walnussöl marinieren. Salat auf Tellern anrichten. Die Entenbrust in dünne Scheiben schneiden – auf dem Salat anrichten und sofort servieren.

Über die Paradeiser

paradiesische Früchte

Paradeiser sind wirklich paradiesische Früchte. Schon als kleines Kind habe ich sie zu meinem Lieblingsgemüse erklärt. Am besten schmecken sie direkt von der Staude gepflückt, rot und warm von der Sonne, mit ihrer zarten Säure und einer Süße, die das Herz aufgehen lässt. Das ist der Geschmack der Kindheit, der sich unauslöschlich in meine Erinnerung eingeprägt hat. Dass ich auf der Suche nach diesem Urgeschmack seither viele Enttäuschungen erlebt habe, versteht sich von selbst.

Tomaten kann man heute zwar das ganze Jahr über im Supermarkt kaufen, aber wie sooft hat diese komplette Verfügbarkeit einen hohen Preis. Die industriell produzierten, in Nährlösungen gewachsenen Hightech-Produkte, die mit Düngemitteln und Pestiziden behandelt werden, haben ihren Geschmack verloren.

Aber es gibt Alternativen: Wenn Sie einen Garten oder eine Terrasse haben, dann pflanzen Sie doch einmal alte Paradeissorten an – Sie werden eine enorme Geschmacksvielfalt entdecken. Das Saatgut oder die Jungpflanzen bekommen Sie zum Beispiel bei „Arche Noah" im niederösterreichischen Schiltern, dem Verein zur Erhaltung der Artenvielfalt. Mittlerweile haben sich in ganz Österreich viele Gärtnereien auf Bio-Landbau und Sortenvielfalt spezialisiert. Wie der Paradeispionier Erich Stekovics, der in Frauenkirchen im Burgenland rund 3.000 verschiedene Paradeissorten pflanzt.

Im Sommer bin ich Stammkundin der Gärtnerei Bach am Contiweg in Wien-Donaustadt. Dort wachsen rund 80 Paradeissorten mit klingenden Namen wie *Green Zebra*, *Russische Reisetomate* oder *Yellow Stuffer*. Kiloweise werden diese herrlichen Früchte dann bei uns zu Hause gegessen und ich verkoche sie zu den unterschiedlichsten Gerichten.

Und im Winter: Da geht unser Paradeiskonsum drastisch zurück. Ich kaufe die kleinen Bio-Cocktailtomaten im Supermarkt und koche ausschließlich mit Bio-Paradeisern in Flaschen gefüllt, bereits passiert – ein großartiges Produkt.

Der wunderbarste Paradeissalat

Seien Sie mutig, wenn man großartige Produkte hat, braucht man keine raffinierten Rezepte. Wenn Sie den Geschmack vollreifer, praller, duftender Paradeiser unverfälscht erleben wollen, machen Sie sich's leicht und Sie haben den wunderbarsten Paradeissalat der Welt.

- 1 kg Paradeiser
- 8 EL Balsam-Essig
- 8 EL Olivenöl
- Meersalz
- schwarzer Pfeffer
- 1 Bund frisches Basilikum, gewaschen, gezupft und grob gehackt

Die Paradeiser waschen, in Scheiben schneiden und dabei den Stielansatz entfernen. (Paradeiser gehören zu den Nachtschattengewächsen, deshalb enthalten alle grünen Pflanzenteile und die unreifen Früchte das giftige Alkaloid Solanin.) Auf Teller auflegen. Mit Balsam-Essig, Olivenöl, Meersalz, frisch gemahlenem schwarzen Pfeffer und frischem Basilikum anrichten.

Salat von geschmorten Paradeisern

Auch dieser Salat ist schnell gemacht. Sie können ihn als Vorspeise servieren oder auch als Beilage beim Grillen. Er passt ausgezeichnet zu Fisch und Fleisch.

- 8 Paradeiser, gewaschen und halbiert
- 3 Knoblauchzehen, in dünne Scheiben geschnitten
- 1 TL flüssiger Honig
- 3 EL Balsam-Essig
- 2 EL Olivenöl
- Meersalz, frisch gemahlener schwarzer Pfeffer
- 2 EL gehackte Petersilie

Backrohr auf 160 °C vorheizen. Die Paradeishälften auf ein tiefes Backblech setzen – mit der Schnittseite nach oben – und mit Knoblauch bestreuen. Honig, Balsam-Essig und Öl verrühren und über die Paradeishälften träufeln. Mit Salz und Pfeffer bestreuen und ca. 1 Stunde lang im Backrohr schmoren, bis sie weich sind. Dann mit Petersilie bestreuen und lauwarm oder kalt servieren.

Blaue Erdäpfelpuffer mit Räucherlachs

Ein Auftakt, der schon allein wegen der Farbkombination etwas hergibt.
Sie können diese Erdäpfelpuffer natürlich auch mit jeder anderen fest kochenden, speckigen Erdäpfelsorte machen, aber geschmacklich und farblich sind blaue Erdäpfel und rosa Räucherlachs unübertroffen. Mehr über Erdäpfelsorten finden Sie unter dem Stichwort „Erdäpfel“ auf Seite 12.

$^1/_2$ kg Erdäpfel, „Blaue Trüffelkartoffel“ oder „Violetta“
1 Knoblauchzehe, gepresst
1 Prise Muskatnuss
Salz, Pfeffer
2 EL Erdäpfelstärke
1 Ei
$^1/_8$ l Sauerrahm
Pflanzenöl zum Braten

200 g Vogerlsalat
300 g Kirschparadeiser, gewaschen und halbiert
Balsam-Essig, Salz, Pfeffer und Olivenöl
600 g geräucherte Filets vom Wildlachs, ohne Haut, in 8 gleich große Stücke geteilt

Die Erdäpfel schälen und mit einer Reibe ganz fein auf ein sauberes Küchentuch reiben, das die Feuchtigkeit aufnehmen kann. Die geriebenen Erdäpfel im Tuch auspressen. Dann in einer Schüssel mit Knoblauch, Muskatnuss, Salz, Pfeffer, Erdäpfelstärke, dem Ei und dem Sauerrahm zu einer dickflüssigen Masse verrühren. In einer beschichteten Pfanne Öl erhitzen. Mit einem großen Löffel die Erdäpfelmasse ausstechen, in die Pfanne setzen und glatt streichen – die Erdäpfelpuffer sollen ungefähr 10 cm im Durchmesser und 1 cm hoch sein. Auf beiden Seiten braun und knusprig braten. Das dauert auf jeder Seite rund 5 Minuten.

Für die Garnitur den Vogerlsalat waschen, in einer Schüssel gemeinsam mit den halbierten Kirschparadeisern mit süßem Balsam-Essig, Salz, Pfeffer und Olivenöl marinieren.

Den Salat auf Tellern anrichten, je einen Erdäpfelpuffer mit einem Stück Räucherlachs anrichten.

Räucherlachspalatschinken mit Salat

Die gefüllten Palatschinken sind ein guter Appetitmacher. Ich mache sie aber auch gerne als schnelles Abendessen mit einer großen Schüssel Salat. Lauwarm schmecken sie am besten.

Für den Palatschinkenteig:
- 120 g glattes Mehl
- 3 Eier
- 1/4 l Milch
- Salz

- Öl zum Backen

- 250 g Frischkäse
- Meersalz, weißer Pfeffer
- 1/2 Bund Dille, gewaschen, gezupft und fein gehackt
- 200 g geräuchertes Filet vom Wildlachs, in dünne Scheiben geschnitten
- 400 g Rucola
- 500 g Kirschparadeiser, gewaschen und halbiert
- 8 EL Balsam-Essig
- Salz, Pfeffer
- 8 EL Olivenöl

Für den Palatschinkenteig in einer Schüssel alle Zutaten verrühren. Öl in einer flachen Pfanne erhitzen und die Palatschinken darin auf beiden Seiten backen.
Den Frischkäse mit Meersalz, Pfeffer und Dille verrühren. Die Palatschinken auflegen, mit Frischkäse bestreichen und mit Räucherlachs belegen. Fest einrollen.
Den Rucola waschen, trockenschleudern und in einer Schüssel mit halbierten Kirschparadeisern, Balsam-Essig, Salz, frisch gemahlenem schwarzen Pfeffer und Olivenöl marinieren.
Den Salat auf den Tellern anrichten. Die Enden der Palatschinken abschneiden und für jede Portion eine halbe Palatschinke, in 2 cm breite Scheiben geschnitten, auf den Salat setzen.

Marinierte Paprika

Diese Vorspeise eignet sich dafür, bereits am Vortag zubereitet zu werden, weil sie mindestens einen Tag im Kühlschrank durchziehen sollte.

- 5 rote Paprika
- 4 gelbe Paprika
- 3 Knoblauchzehen, geschält und in feine Scheiben geschnitten
- 8 EL Balsam-Essig
- 1 TL Meersalz
- schwarzer Pfeffer aus der Mühle
- 8 EL Olivenöl
- 1 TL Zitronensaft

Das Backrohr auf 200 °C vorheizen.
Die Paprikaschoten halbieren, die weißen Samenkerne entfernen und waschen. Mit der Hautseite nach oben in eine große Auflaufform oder auf ein Backblech schlichten. Im Backrohr garen, bis die Haut an der Oberseite beginnt braun zu werden und Blasen zu werfen. Herausnehmen und kurz rasten lassen. Mit einem spitzen kleinen Messer die Haut abziehen und die Paprika in 4 cm breite Streifen schneiden.
In einer Auflaufform eine Lage Paprika einschichten, Knoblauchscheiben darauf verteilen, wieder eine Lage Paprika aufschichten. Balsam-Essig, Meersalz, Pfeffer, Olivenöl und Zitronensaft vermischen und darüber gießen. Mit einem Deckel oder einer Frischhaltefolie verschließen und 24 Stunden im Kühlschrank marinieren lassen. In diesem Zeitraum einmal herausnehmen und die Lagen umschichten. Zudecken und wieder in den Kühlschrank stellen. Mindestens 1 Stunde vor dem Servieren aus dem Kühlschrank nehmen, weil die Paprika ihr Aroma bei Zimmertemperatur am besten entfalten.

Zu den selbst gemachten Paprikaschoten serviere ich gekaufte, eingelegte Kapern.

Ich koche nur für Gäste, wenn ich auch wirklich mindestens einen Tag Zeit für die Vorbereitungen habe, das heißt also meistens an Wochenenden. Da kann ich dann gemütlich ein großes Essen zelebrieren, ohne dabei die Tafelrunde zu vernachlässigen.

Pasta (1 Nudelrezept und 3 Saucen)

das Grundrezept

Nudelgerichte gehören, vermutlich wie in jeder Familie, zu den Lieblingsgerichten meiner Kinder. Alle hier angeführten Pastagerichte eignen sich natürlich nicht nur als Zwischengang, sondern auch als Hauptmahlzeit. In meiner Alltagsküche, wenn ich abgehetzt von der Arbeit nach Hause komme und in einer halben Stunde ein Essen auf dem Tisch stehen soll, nehme ich selbstverständlich fertige Pasta.
Doch für Festessen, da schwöre ich auf hausgemachte Pasta. Man braucht zwar ein wenig Zeit und Spaß an der Sache, aber dafür ist der einzigartige Geschmack frisch gemachter Pasta unübertroffen. Probieren Sie es einmal aus, es ist eigentlich ganz einfach.

500 g italienisches Mehl
5 Eier
1 große Prise Salz

DAS WESENTLICHSTE ZUERST: Die wichtigste Zutat ist das Mehl – Durum oder Hartweizenmehl. Es garantiert, dass die Pasta ihre Bissfestigkeit behält und beim Kochen nicht weich und klebrig wird. Sie bekommen italienisches 00-Mehl in vielen Feinkostgeschäften und notfalls können Sie auch Mehl Type 480 nehmen, das es in Supermärkten gibt.
Es gibt eine einfache Faustregel:
100 g italienisches Mehl Type 00 auf 1 Ei.
Für 4 Personen als Hauptgericht oder 8 Personen als Zwischengang mache ich Pasta mit oben genannter Menge.
Pastateig knete ich immer mit der Hand. Ich habe es mehrmals in der Küchenmaschine versucht, aber das beste Ergebnis hat noch immer die aufwändigere Handarbeit gebracht. Für die Herstellung dieser Menge benötigen Sie ungefähr 40 Minuten – mit ein wenig Übung lässt sich diese Zeit sicher noch verkürzen.
Das Mehl auf der Arbeitsfläche zu einem Berg sieben. In die Mitte eine Vertiefung drücken, die Eier aufschlagen und in diese Mulde geben. Das Salz dazu und jetzt mit den Händen zu einem Teig kneten. Lassen Sie sich nicht täuschen, wenn der Teig am Anfang grob, hart und bröckelig wirkt, er bekommt seine Bindung durch das Kneten. Nur wenn der Teig zu weich ist, sollten sie vorsichtig etwas mehr Mehl zugeben.
Das Kneten dauert rund 10 bis 15 Minuten, dann sollte der Teig samtig, glatt, weich und geschmeidig sein.
Danach die Teigkugel in Klarsichtfolie einschlagen und 1/2 Stunde rasten lassen.
Dann die Arbeitsfläche wieder bemehlen und den Teig mit dem Nudelholz zu ungefähr 3 mm dicken Platten ausrollen. Mit einem scharfen Messer kann man nun die Nudeln schneiden.
Ich mache es mir allerdings einfacher, ich habe eine Nudelmaschine – eine Investition, die sich wirklich lohnt. Mit dieser Maschine rollt man den Teig aus und danach schneidet man die Teigplatten in die gewünschte Nudelbreite.
Und jetzt noch ein paar Worte zum Kochen der Pasta. Es ist zwar einfach, aber trotzdem passieren immer wieder Kardinalfehler, die jedes Pastagericht verderben.
Sie benötigen einen großen Topf – man rechnet 1 l Wasser auf 100 g Pasta.
Geben Sie Salz ins Wasser – die Pasta immer erst zugeben, wenn das Wasser sprudelnd kocht. Frische Pasta ist sehr schnell al dente, also bissfest. Testen Sie Ihre Pasta spätestens nach 2 Minuten. Bei gekaufter Pasta halten Sie sich an die auf den Packungen angegebenen Kochzeiten, aber auch hier gilt: Kosten Sie vor Ablauf der Zeit – al dente ist ein dehnbarer Begriff, entscheiden Sie selbst, wie Sie Ihre Pasta am liebsten essen.
Gießen Sie das Wasser ab und schrecken Sie die Pasta niemals mit kaltem Wasser ab! Das macht sie klebrig.
Behalten Sie einige Löffel vom Kochwasser zurück, Sie könnten es bei der Zubereitung von Saucen benötigen.

Pesto mit Basilikum oder Bärlauch

Pesto ist überhaupt unübertroffen – im Frühling mit Bärlauch, den ganzen Sommer über mit frischem Basilikum. Und wenn Sie jemals selbst gemachtes Pesto gegessen haben, werden Sie jedes noch so elitäre Produkt aus dem Handel links liegen lassen. Auch hier gilt: Im Alltag haben Sie in 20 Minuten ein wunderbares Gericht auf dem Tisch. Einen Salat davor, ein gutes Glas Wein – ganz einfach ein kulinarischer Hochgenuss.

- 2 Knoblauchzehen
- 50 g Pinienkerne
- 40 Blätter Basilikum (oder 25 Blätter ganz junger, kleiner Bärlauch), gewaschen und trockengetupft
- 1 EL grobes Meersalz
- ca. $^1/_8$ l Olivenöl
- 100 g geriebener Parmesan
- 500 g Trofie oder Fusilli

Pesto wird traditionell von Hand in einem Mörser zubereitet. Das ist ein ziemlich Kräfte raubendes Abenteuer, aber ich verrate Ihnen etwas: Mit einer elektrischen Küchenmaschine funktioniert es auch und noch dazu viel schneller und einfacher.
Knoblauchzehen schälen und klein schneiden. Mit den Pinienkernen, den Basilikum- oder Bärlauchblättern und dem Meersalz in die Küchenmaschine geben und zu einer Paste verarbeiten. Achtung: Wenn Sie Pesto mit Bärlauch machen, unbedingt den Knoblauch weglassen. Bärlauch hat genügend eigenes Knoblaucharoma!
Dann langsam Olivenöl zugießen, immer wieder mixen. Sie müssen das Öl wirklich portionsweise zugeben. Die Menge ist variabel, am Ende sollte das Pesto eine glatte Sauce von leuchtend grüner Farbe sein.
Zum Schluss den geriebenen Parmesan einrühren.
Die Nudeln al dente kochen, abgießen (ja nicht kalt abschrecken!) und noch ganz heiß gemeinsam mit dem Pesto in einer vorgewärmten Schüssel vermischen.

Nehmen Sie Trofie oder Fusilli, das sind Nudeln, die so beschaffen sind, dass sie das Pesto optimal aufnehmen.

Pappardelle mit Pilzen

Frische Waldpilze haben ein unschlagbares Aroma. Wenn ich im Sommer bei einem Ausflug oder einer Bergwanderung Glück habe und Pilze finde, dann koche ich dieses Gericht. Als Alternative zu frischen Waldpilzen können Sie auch eine Mischung aus Zuchtpilzen und getrockneten Steinpilzen nehmen.

1 gr. Paradeiser
200 g frische Steinpilze (oder Eierschwammerl)
3 EL Olivenöl
Meersalz
schwarzer Pfeffer
200 ml Hühnersuppe oder Bio-Gemüsesuppe
80 g kalte Butter
500 g Pappardelle (sehr breite Bandnudeln)
3 EL Petersilie, gezupft und gehackt

Den Paradeiser in heißes Wasser tauchen, in Eiswasser legen und dann die Haut abziehen. Aufschneiden, die Kerne entfernen und das Fruchtfleisch kleinwürfelig schneiden.
Die Pilze putzen und in Scheiben schneiden. In einer Pfanne das Olivenöl erhitzen, die Pilze einlegen und kurz anrösten. Mit Salz und Pfeffer würzen. Mit Suppe aufgießen und die Paradeiswürfel einrühren. Die kalte Butter (es ist wichtig, dass die Butter wirklich kalt ist, sonst bindet sie nicht) in Stücken in die Sauce einrühren und zu einer sämigen Konsistenz einkochen.
Die Pasta je nach Nudelbreite 8 bis 13 Minuten oder laut Kochanleitung kochen und abseihen. Die heiße Pasta mit der Petersilie unter die Sauce rühren, mit Salz und Pfeffer abschmecken.
Für die Variante mit Zuchtpilzen verwenden Sie:
20 g getrocknete Steinpilze
200 g frische Austernpilze oder Champignons
Die getrockneten Steinpilze in ein wenig kaltem Wasser einweichen, ausdrücken, grob schneiden und gemeinsam mit den frischen Pilzen wie oben angegeben verwenden.

Tagliatelle mit Paradeisern

Ein Rezept, das ich in abgewandelter Form bei zwei meiner Lieblings-Kochstars gefunden habe. Beide leben und kochen in England – Antonio Carluccio und Jamie Oliver. Am liebsten koche ich dieses Gericht an einem Sommertag, wenn ich vollreife, sonnenwarme Paradeiser und duftende Kräuter im Garten ernten kann.

600 g Paradeiser
4 EL frisches Basilikum, gezupft und sehr grob gehackt
1 EL Zitronenthymian, gezupft
1 EL frischer Oregano, gezupft
5 EL Olivenöl
1 Knoblauchzehe, geschält und sehr fein geschnitten
2 EL Balsam-Essig
Meersalz
frisch gemahlener schwarzer Pfeffer
300 g Mozzarella, in kleine Würfel geschnitten
50 g geriebener Parmesan
500 g Pasta, Tagliatelle (Bandnudeln) oder Spaghetti

Die Paradeiser wie oben angegeben enthäuten, den Stielansatz entfernen und aufschneiden. Die Samen entfernen und das Fruchtfleisch grob hacken.
Die Paradeiser in einer Schüssel mit Kräutern, Olivenöl, Knoblauch, Balsam-Essig, Salz, Pfeffer, Mozzarella und Parmesan vermischen und durchziehen lassen.
Die Pasta al dente kochen, abgießen und mit der Paradeismischung verrühren.

COR
MAN

Der Alpenlachs ist wirklich etwas ganz Besonderes – fettarm und gesund. Wie die Wildlachse der Ozeane zergeht er am Gaumen, mit seinem feinen, nussigen Aroma. Peter Brauchl züchtet diese Eismeersaiblinge nach biologischen Richtlinien im niederösterreichischen Gutenstein. Er ist einer der Produzenten, die mit einer visionären Idee eine österreichische Erfolgsgeschichte geschrieben haben.

Alpenlachs mit Spargelrisotto

Ich finde, dass der Alpenlachs sich selbst genügt. Er braucht weder besondere Gewürze und schon gar keine Saucen. Sein einziger Nachteil: Man kann ihn nur direkt ab Hof im niederösterreichischen Gutenstein oder in Baden bei Wien auf dem Grünen Markt kaufen. Aber Peter Brauchl will die Produktion langfristig auf ganz Österreich ausdehnen, sieben Bauern ziehen bereits nach seiner Methode Alpenlachse auf.
Für dieses Rezept können Sie natürlich auch Forellen-, Saiblings- oder Zanderfilets verwenden.

8 Alpenlachsfilets
Salz
weißer Pfeffer
6 EL Rapsöl
40 g Butter

Fische zu braten ist eine ziemlich einfache Sache. Wichtig ist, dass die Filets nicht ganz durchgebraten werden, sonst verlieren sie ihr Aroma und werden trocken. Ich mag sie innen saftig und sehr rosa – dazu brauchen Sie aber wirklich frische Fischfilets, dann wird das Gericht zum Gedicht.
Die Filets mit der Hautseite auf ein Küchenpapier legen und abtrocknen. Danach salzen und pfeffern. Das Öl in einer Pfanne (am besten in 2 Pfannen, damit die Filets gleichzeitig fertig werden) erhitzen. Die Filets mit der Hautseite nach unten in die Pfanne legen und jetzt sanft braten. Das dauert rund 5 Minuten. Nach 2 Minuten die Butter beigeben und die Filets immer wieder mit der Öl-Butter-Mischung beträufeln. Nicht umdrehen! Fertig gebraten sind sie, wenn sie an der Oberseite, an der dicksten Stelle, rosa durchscheinend sind.
Als Beilage zu gebratenen Fischfilets serviere ich entweder Salzerdäpfel mit Petersilie oder – etwas aufwändiger – Risotto mit grünem Spargel. Dieser passt hervorragend, nicht zuletzt weil die Filets so gut wie keine Arbeit machen. Das Rezept für den Risotto mit grünem Spargel finden Sie auf Seite 36.

Lachsfilet mit karamellisiertem Chicorée

Dieses Gericht gewinnt durch den karamellisierten Chicorée eine besondere Geschmacksnuance. Der Chicorée ist ein Genuss, vor allem durch die Kombination der leicht bitteren Stauden mit karamellisiertem Zucker.

Für den Chicorée:

700 g Chicorée
30 g Butter
10 g Rohrzucker
Meersalz
frisch gemahlener schwarzer Pfeffer

8 Wildlachsfilets ohne Haut (à 150 g)
Salz, weißer Pfeffer
3 EL Olivenöl
20 g Butter

Zuerst den Chicorée zubereiten. Dazu die Stauden putzen, den harten Strunk entfernen und den Chicorée waschen.
In einem großen Topf Salzwasser zum Kochen bringen und den Chicorée darin rund 3 Minuten blanchieren. In ein Sieb abgießen, abkühlen lassen und mit Küchenpapier trockentupfen.
In einem wirklich großen Topf die Butter erhitzen und den Chicorée darin bräunen. Den Rohrzucker zugeben und so lange vorsichtig rühren, bis er karamellisiert ist. 3 bis 4 EL Wasser dazugeben, salzen und pfeffern. Das Gemüse zugedeckt bei kleiner Flamme rund 10 Minuten dünsten, bis es goldbraun und durchgebraten ist. Das fertige Gemüse warm halten.
Die Wildlachsfilets salzen und pfeffern. In einer Pfanne das Öl mit der Butter erhitzen. Die Lachsfilets einlegen und auf beiden Seiten rund 4 Minuten braten. Sie sollen innen saftig, zart und rosa bleiben.
Auf dem karamellisierten Chicorée anrichten.

Zander mit Paradeischampignons

Für die Paradeischampignons:
5 Paradeiser
4 EL Olivenöl
1 kl. Zwiebel, fein gehackt
1 Knoblauchzehe, gepresst
1 kg Champignons, geputzt und in dünne Scheiben geschnitten
2 EL Petersilie, gewaschen, gezupft und gehackt
2 EL Dille, gewaschen, gezupft und gehackt
Salz, frisch gemahlener schwarzer Pfeffer

8 Zanderfilets
Salz, weißer Pfeffer
6 EL Rapsöl
40 g Butter

Für die Paradeischampignons die Paradeiser in einem Topf mit kochendem Wasser überbrühen. In diesem Wasser rund 2 Minuten liegen lassen. Dann herausholen und in eiskaltes Wasser tauchen. Jetzt lässt sich die Haut der Paradeiser gut abziehen. Die Paradeiser halbieren, die Kerne entfernen und das Fruchtfleisch in kleine Würfel schneiden.

In einer Pfanne das Olivenöl erhitzen, die Zwiebel und den Knoblauch zugeben und hell anlaufen lassen. Die Champignons beigeben und unter ständigem Rühren rund 3 Minuten braten. Die Paradeiswürfel zugeben und weitere 3 Minuten braten. Petersilie und Dille einmischen, mit Salz und Pfeffer abschmecken.

Die Zanderfilets waschen, trockentupfen und mit Salz und Pfeffer würzen. Öl in einer Pfanne erhitzen, die Filets mit der Hautseite nach unten hineinlegen und jetzt sanft braten. Das dauert rund 5 Minuten. Nach 2 Minuten die Butter beigeben und die Filets immer wieder mit der Öl-Butter-Mischung beträufeln. Nicht umdrehen! Fertig gebraten sind sie, wenn sie an der Oberseite, an der dicksten Stelle, glasig sind. Die Zanderfilets auf den Paradeischampignons anrichten.

Roastbeef mit gebratenem Gemüse

Große Braten, die innen zart und rosa bleiben sollen, haben mich lange Zeit ziemlich gestresst. Braten, bei denen man im Timing überkorrekt sein muss und deren Perfektion von Gästen, die eine halbe Stunde zu spät kommen, vernichtet wird. Ein Katastrophenszenario, das nichts für meine Nerven ist.
Wenn Sie wissen, wovon ich rede, dann habe ich einen Tipp für Sie. Seit ich die Methode des sanften Garens, die Niedergarmethode, für mich entdeckt habe, ist – wenn's um große Braten geht – nichts mehr, wie es war. Wenn Sie um 20 Uhr den Hauptgang servieren wollen, können Sie ihn um 14 Uhr ins Rohr stellen, bevor die Gäste kommen anbraten und haben dann ein Zeitfenster von über 2 Stunden, in dem der Braten so ist, wie er sein soll: rosa, saftig, mürb und zart – einfach perfekt. Klingt abenteuerlich, meinen Sie. Nicht mehr, wenn ich es genau erkläre.

Für das Roastbeef:

1,5 kg Beiried, optimal gereift, gut abgelegen
Salz
frisch gemahlener schwarzer Pfeffer
6 EL Dijon-Senf
1 Bratenthermometer
2 EL Traubenkern- oder Maiskeimöl

Für das Gemüse:

1 kg fest kochende Erdäpfel
1 roter Paprika
1 grüner Paprika
1 gelber Paprika
1 Zwiebel
2 Knoblauchzehen
1 Bund Rosmarin
4 EL Olivenöl
Meersalz, frisch gemahlener schwarzer Pfeffer

Das Beiried mit Salz und schwarzem Pfeffer einreiben und rundherum großzügig mit Senf bestreichen. Den Braten zugedeckt bei Zimmertemperatur rasten lassen, dabei durchziehen auch die Gewürze das Fleisch. Der Braten soll im Idealfall 3 Stunden, mindestens aber 1 Stunde rasten.
Das Backrohr auf 80 °C vorheizen. Sie können die Temperatur mit dem Bratenthermometer kontrollieren, da nicht jeder Ofen mit der eingestellten Temperatur heizt. Nötigenfalls nachregulieren.
Das Bratenthermometer an der dicksten Stelle ins Fleisch stecken. Die Spitze des Thermometers soll genau in der Mitte die Temperatur messen. Das Fleisch – und jetzt kommt das Außergewöhnliche – ohne Anbraten auf einem Backblech ins Rohr schieben. Der Braten sieht jetzt nicht schön aus, aber das wird schon noch.
Im Backrohr den Braten bis zum Erreichen der Kerntemperatur – die liegt für Rindfleisch zwischen 58 und 60 °C – braten. Das dauert bei einem Fleischstück dieser Größe rund 3,5 Stunden. Wenn die Temperatur erreicht ist, den Braten aus dem Rohr nehmen und die Temperatur des Backrohrs auf 60 °C zurückregeln. Traubenkern- oder Maiskeimöl in einer Pfanne erhitzen. Den Braten auf jeder Seite rund 2 Minuten kräftig anbraten, damit er eine schöne braune Farbe bekommt.
Braten wieder zurück in das Backrohr stellen, dort soll er nun bei 60 °C rasten, mindestens 15 Minuten. Er kann aber jetzt bis zu 2 Stunden im Rohr bleiben, ohne seine Qualität zu verlieren. Er wird beim Servieren perfekt sein – rosa, zart und saftig.
Durch diese schonende Methode des Garens entwickelt sich allerdings kein Bratensaft, Sie müssen die Sauce getrennt zubereiten. Näheres dazu finden Sie im Kapitel „Basics“ auf Seite 79.
Einen Vorschlag für eine rosa Pfeffersauce mache ich Ihnen beim Rezept „Rindsfilet“ auf Seite 114.
Für das gebratene Gemüse die Erdäpfel schälen und in ca. 3 x 3 cm große Würfel schneiden. Paprika waschen, halbieren, die Kerne entfernen und ebenfalls würfelig schneiden. Die Zwiebel schälen, halbieren und in feine Ringe schneiden. Den Knoblauch schälen und sehr fein schneiden. Den Rosmarin zupfen und grob hacken.
Dieses Gemüse kann man normalerweise einfach im Backrohr braten. In diesem Fall ist das aber vom Roastbeef belegt, daher bereiten Sie das Gemüse in der Pfanne zu. In einer beschichteten Pfanne Olivenöl erhitzen und Zwiebel und Knoblauch darin anrösten. Die Erdäpfelwürfel zugeben (weil sie länger garen, als die Paprikastücke) und ca. 15 Minuten weiterrösten. Dann die Paprikawürfel, Rosmarin und Meersalz einmischen und ungefähr 10 Minuten lang fertig braten. Mit Pfeffer abschmecken.

Rindsfilet mit rosa Pfeffersauce und Pilzen

Dieses zarte, rosa gebratene ganze Rindsfilet ist ein idealer Hauptgang. So wie für das Roastbeef verwende ich auch hier die Niedergarmethode – über die Vorteile habe ich Ihnen bereits erzählt. Eines ist noch wichtig: Den Rinds- oder Kalbsfond sollten Sie einen Tag vorher zubereiten, das erspart Ihnen viel Stress.

1,3 kg Rindsfilet im Ganzen
Salz
frisch gemahlener schwarzer Pfeffer
6 EL Olivenöl
1 Bratenthermometer

Für die rosa Pfeffersauce:
200 ml guter Rotwein
400 ml Rinds- oder Kalbsfonds (siehe S. 79)
40 g kalte Butter, in kleine Stücke geschnitten
2 EL rosa Pfeffer

Für die gebratenen Pilze:
3 EL Olivenöl
500 g frische Wald- oder Zuchtpilze, geputzt und in dünne Scheiben geschnitten
Salz, frisch gemahlener schwarzer Pfeffer
4 EL frisch gehackte Petersilie

Das optimal gereifte Rindsfilet großzügig mit Salz und frisch gemahlenem schwarzen Pfeffer würzen. Zugedeckt mindestens 1 Stunde rasten lassen – das Fleisch soll die Raumtemperatur annehmen.
Backrohr auf 80 °C vorheizen.
Das Fleisch mit 4 EL Olivenöl einreiben. Ein Bratenthermometer an der dicksten Stelle ins Fleisch stecken – die Spitze des Thermometers soll die Temperatur genau in der Mitte des Bratens messen. Nun das Fleisch ohne Anbraten auf einem Backblech ins Backrohr stellen. Bis zum Erreichen der Kerntemperatur – die liegt bei Rindfleisch zwischen 58 und 60 °C – braten. Das dauert bei einem Fleischstück dieser Größe ca. 3,5 Stunden.
Wenn die Kerntemperatur erreicht ist, den Braten aus dem Backrohr nehmen und die Temperatur auf 60 °C zurückschalten. Den Braten in 2 EL Olivenöl auf jeder Seite 2 Minuten anbraten, bis er schön braun ist.
Dann das Filet wieder ins Backrohr geben und mindestens 10 Minuten rasten lassen. Bei dieser Temperatur kann das Filet nun bis zu 2 Stunden warm gehalten werden – es verliert nicht an Qualität, es bleibt innen zart, saftig und rosig.
In der Zwischenzeit die rosa Pfeffersauce zubereiten. Ich mache das in der Pfanne, in der ich das Fleisch angebraten habe. Den Saft, der aus dem Filet ausgetreten ist, mit dem Wein aufkochen und so lange kochen, bis er um mehr als die Hälfte reduziert ist. Mit dem Rindsfond aufgießen, nochmals durchkochen lassen und dann den Jus durch ein feines Sieb passieren. In einem kleinen Topf nochmals aufkochen, die wirklich eiskalte Butter einrühren – sie bindet den Jus. Zum Schluss noch den rosa Pfeffer einstreuen.
Für die gebratenen Pilze in einer Pfanne das Olivenöl erhitzen, die Pilze darin in wenigen Minuten unter häufigem Wenden braten. Dann mit Salz und schwarzem Pfeffer abschmecken und mit frisch gehackter Petersilie bestreuen.

Rosa gebratener Rehrücken mit Apfelrotkraut

Der Herbst – Äpfel, Maroni, Trauben, Kraut und natürlich Wild. Mit einem Rehrücken wird jedes große Essen zu einem Festmahl. Das Gericht ist nicht kompliziert. Allerdings empfehle ich Ihnen mit den Vorbereitungen dafür, und damit meine ich das Kochen des Wildjus, bereits am Vortag zu beginnen.

- Salz
- frisch gemahlener weißer Pfeffer
- 1/2 TL getrockneter Thymian
- 1/2 TL abgeriebene Bio-Zitronenschale
- 5 EL Traubenkern- oder Maiskeimöl
- 1 großer Rehrücken (ca. 1,5–1,8 kg, vom Fleischer enthäutet, die Filets ausgelöst, die Knochen kleingehackt)
- 1/8 l guter Rotwein
- 300 ml Wildjus (siehe S. 79)
- 1 EL Holundergelee oder Hagebuttenmarmelade

Für das Apfelrotkraut:

- 1 Rotkraut, ca. 1,3 kg schwer
- 3 EL Maiskeimöl
- 2 EL Kristallzucker
- 300 ml trockener, guter Rotwein
- 1 gr. Zwiebel, geschält
- 4 Nelken
- 1/2 TL gemahlener Kümmel
- 1 Bio-Gemüsesuppenwürfel
- 3 säuerliche Äpfel (Topaz), geschält, Kerngehäuse entfernt, in Spalten geschnitten
- Salz
- frisch gemahlener schwarzer Pfeffer
- eventuell 2 EL Maisstärke

Backrohr auf 80 °C vorheizen.
Salz, Pfeffer, Thymian und geriebene Zitronenschale vermischen. Mit dieser Würzmischung und 3 EL Öl die Filets einreiben und 2 bis 3 Stunden bei Raumtemperatur zugedeckt rasten lassen.
Auch diese Filets brate ich nach der Niedergarmethode – Sie erfahren Näheres auf Seite 112 beim Rezept „Roastbeef".
Bei 80 °C sollen die Filets eine Kerntemperatur von 58 bis 60 °C erreichen. Dann herausnehmen, in einer Pfanne 2 EL Öl erhitzen, die Filets 2 Minuten auf jeder Seite anbraten und bei 60 °C zurück ins Rohr stellen. Dort können Sie dann 2 Stunden bleiben, ohne an Qualität zu verlieren.
In der Pfanne, in der Sie die Filets angebraten haben, den Bratensatz in Rotwein auflösen und 5 Minuten kochen. Mit Wildjus aufgießen, Holundergelee zugeben und alles um die Hälfte zu einer Sauce einreduzieren lassen. Vorsichtig mit Salz und weißem Pfeffer würzen.
In der Zwischenzeit für das Apfelrotkraut die äußeren Blätter des Rotkrauts entfernen. Das Kraut vierteln, vom weißen Strunk befreien und ganz fein schneiden. Waschen und gut abtropfen lassen.
In einem großen Topf das Öl erhitzen, den Zucker beigeben und unter ständigem Rühren karamellisieren. Wenn er eine schöne braune Farbe angenommen hat, das Rotkraut zugeben und mit Rotwein aufgießen.
In die geschälte ganze Zwiebel 4 Nelken stecken und diese Zwiebel ins Kraut legen. Mit Kümmel und Gemüsesuppenwürfel würzen. Rund 30 Minuten dünsten, Sie können ein wenig Wasser dazuleeren, wenn das Kraut zu trocken wird. Dann die Äpfel zugeben und nochmals 15 Minuten weiterkochen. Mit Salz und Pfeffer abschmecken – die Zwiebel entfernen.
Wenn Sie das Rotkraut zum Schluss noch binden wollen, dann rühren Sie 2 EL Maisstärke in 5 EL kaltem Wasser glatt. Ins kochende Kraut gießen und rund 1 Minute kochen lassen.
Das Fleisch aus dem Ofen nehmen, in Scheiben schneiden, mit Sauce und Apfelrotkraut anrichten.
Als Beilage passen Erdäpfelknödel, für die Sie das Rezept auf Seite 118 finden.

Wildschweingulasch mit Erdäpfelknödel

Ein herzhaftes Wildgericht, das ich dann gerne koche, wenn die Tage wieder spürbar kürzer und dunkler werden.

Für die Marinade:

- $^{3}/_{8}$ l guter Rotwein (Zweigelt oder Blaufränkisch)
- 3 EL Olivenöl
- 1 Zwiebel, geschält und in dünne Scheiben geschnitten
- 1 Bund frischer Thymian
- 1 Lorbeerblatt
- 5 Nelken
- frisch gemahlener schwarzer Pfeffer

- 1,5 kg Wildschweinfleisch (von der Keule oder Schulter vom Fleischhauer in 4 cm große Würfel geschnitten)
- 4 EL Öl
- 3 Zwiebeln, fein geschnitten
- 6 EL Paprikapulver, edelsüß
- 1 TL getrockneter Majoran
- Salz, frisch gemahlener schwarzer Pfeffer
- $^{1}/_{4}$ l guter, trockener Weißwein
- $^{1}/_{4}$ l Bio-Gemüsesuppe
- 450 g Sauerkraut
- 1 Dose Paradeiser (ca. 450 g)
- 1 TL Kümmel
- 2 Becher Sauerrahm

Für die Marinade alle Zutaten kurz aufkochen und erkalten lassen. Das Fleisch in ein Gefäß legen, das sich gut verschließen lässt, die Marinade darüber gießen und verschlossen im Kühlschrank 24 Stunden marinieren lassen. Das Fleisch dabei von Zeit zu Zeit wenden.

Das Fleisch in ein Sieb schütten, dabei die Marinade auffangen und das Fleisch abtropfen lassen.

In einem großen Topf Öl erhitzen, Zwiebeln darin goldbraun anrösten. Das Fleisch einmischen und ebenfalls gut anbraten. Topf vom Herd nehmen, 4 EL Paprikapulver und Majoran darüber streuen, salzen, pfeffern und alles gut verrühren. Topf wieder auf den Herd stellen und mit Weißwein ablöschen. Mit der Marinade – zuvor Lorbeerblatt, Nelken und Thymian entfernen – und der Gemüsesuppe aufgießen. Zugedeckt bei kleiner Hitze ca. 1 Stunde schmoren lassen.

Sauerkraut waschen, gut ausdrücken und mit den Paradeisern samt Saft vermischen. Mit 2 EL Paprikapulver und Kümmel würzen und alles unter das Wildschweingulasch mischen. Noch eine weitere Stunde schmoren lassen, wenn nötig etwas Wasser zugießen. Mit Salz und Pfeffer abschmecken und jeweils mit 1 EL Sauerrahm anrichten.

Erdäpfelknödel

- 500 g mehlige Erdäpfel
- 100 g griffiges Mehl
- 100 g Erdäpfelstärke
- 50 g Grieß
- 2 Eier
- Salz

Die Erdäpfel am besten am Vortag in der Schale kochen. Die Knödel gelingen allerdings auch mit frisch gekochten und sogar noch heißen Erdäpfeln.

Die Erdäpfel schälen und durch die Erdäpfelpresse drücken. Mit den restlichen Zutaten verkneten. Die Masse $^{1}/_{2}$ Stunde rasten lassen.

Einen großen Topf mit Salzwasser zum Kochen bringen, einen kleinen Probeknödel einkochen. Sollte er zu weich sein, können Sie noch etwas Mehl dazugeben. Alle Knödel in leicht wallendem Wasser rund 10 Minuten lang kochen. Dann die Hitze reduzieren und die Knödel noch 5 Minuten lang ziehen lassen.

Aus diesem Teig mache ich auch Erdäpfeltaler. Einfach den Teig auf einer bemehlten Arbeitsfläche zu einer 3 cm dicken Rolle formen und diese in 1 cm dicke Scheiben schneiden. Mit den Händen kleine Laibchen herstellen und in heißem Öl oder Butterschmalz beidseitig goldbraun backen.

Gefüllter Truthahn

Dieser Truthahn ist mein Weihnachts-Klassiker. Ich brate ihn für unser traditionelles Familienessen, zu dem sich die ganze Großfamilie trifft und um eine Festtafel versammelt. Wann sonst hat man Gelegenheit, einen wirklich riesigen 9-kg-Vogel zu füllen, der gerade noch ins Backrohr passt.
Für 8 Personen empfehle ich allerdings, ein kleineres Exemplar zu nehmen.
Da Truthähne in der konventionellen Tierhaltung besonders hochgezüchtet und mit jeder Menge Antibiotika fit gemacht werden, kaufe ich ausschließlich Tiere aus artgerechter, biologischer Tierhaltung. Ganz abgesehen vom besseren Gewissen, das ich den Tieren gegenüber habe, genieße ich auch den geschmacklichen Unterschied.

Für die Fülle:
6 Eier
600 ml Milch
1 TL Salz
3 EL Butter
1 gr. Zwiebel, geschält und fein gehackt
500 g Semmelwürfel
200 g Maroni, gebraten und geschält
5 EL Petersilie, gezupft und gehackt
1/2 TL gemahlene Muskatnuss
frisch gemahlener schwarzer Pfeffer

1 Truthahn (à ca. 4,5 kg)
Salz, Pfeffer, Majoran
4 EL Öl zum Anbraten
1/2 l Geflügelsuppe
oder Bio-Gemüsesuppe
eventuell 1 EL Maisstärke

Das Backrohr auf 180 °C vorheizen.
Die Eier mit der Milch und Salz verschlagen. Die Butter in einer Pfanne erhitzen und die fein gehackte Zwiebel glasig anlaufen lassen. Die Eier-Milch-Mischung mit der Zwiebel, Semmelwürfeln, Maroni, der Petersilie und der Muskatnuss gut vermischen. Rund 1 Stunde rasten lassen. Die Masse in dieser Zeit mehrmals umrühren. Sie sollte gut formbar sein.
Den Truthahn unter fließendem Wasser waschen und mit einem Küchenpapier trockentupfen. Mit Salz, Pfeffer und Majoran innen und außen einreiben. Mit der Semmelmasse füllen und mit Küchengarn zunähen.
In einem großen Bräter das Öl erhitzen und den Truthahn kurz beidseitig anbraten. Auf die Brustseite legen und auf die unterste Schiene des vorgeheizten Ofens schieben. Wenn der Truthahn beginnt, Farbe anzunehmen, umdrehen. Ab jetzt müssen Sie den Truthahn immer wieder mit einem Schöpflöffel Suppe begießen. Durch das Begießen sammelt sich im Bratentopf Saft, zwischendurch auch immer mit diesem Saft begießen und den Truthahn fertig braten. Bei einem Truthahn dieser Größe dauert das um die 3,5 Stunden.
Den Truthahn aus dem Bräter nehmen, tranchieren und im Rohr warm stellen. Den Saft entfetten, d. h. Sie gießen die gesamte dickflüssige, ölige obere Schicht ab. Dann den Bratenrückstand mit einem Schöpfer Suppe nochmals aufkochen, mit Salz und Pfeffer würzen und eventuell mit 1 EL Maisstärke, die Sie in 3 EL kaltem Wasser glatt gerührt haben, binden.
Ich serviere Apfelrotkraut zum Truthahn, Sie finden das Rezept auf Seite 116.

Wenn Ihnen Semmelfülle überbleibt, dann machen Sie einen Serviettenknödel daraus. Dazu machen Sie eine große Stoffserviette nass, formen aus der Fülle eine Rolle und legen diese auf die Serviette. Rollen Sie die Serviette fest ein und binden Sie die Enden mit Küchengarn zu. In einem großen Topf, in den der Serviettenknödel passt, Salzwasser zum Kochen bringen. Den Knödel einlegen und bei schwach wallendem Wasser rund 40 Minuten lang kochen. Dann herausheben, aus der Serviette rollen und aufschneiden.

Lammkoteletts mit Pfefferminze-Fisolen

1 Knoblauchzehe, gepresst
3 EL Thymian, gewaschen und gerebelt
3 EL Rosmarin, gewaschen, gezupft und klein gehackt
4 EL Olivenöl
Salz
frisch gemahlener schwarzer Pfeffer

24 Lammkoteletts à 70 g
3 EL Olivenöl zum Anbraten
2 EL Balsam-Essig
150 ml guter, trockener Rotwein
1 Zweig Rosmarin, gewaschen
400 ml Rindsfond
30 g kalte Butter, in kleinen Stücken

Das Backrohr auf 80 °C vorheizen.
Den Knoblauch, Thymian, Rosmarin, das Olivenöl, Salz und Pfeffer in einem Schüsselchen gut verrühren. Die Knochen der Lammkoteletts zuputzen und das Fleisch mit dieser Gewürzmischung einreiben. Mit Klarsichtfolie bedecken und flach drücken oder ganz sanft klopfen.
Jetzt nehmen Sie am besten 2 Pfannen, erhitzen das Öl und braten die Koteletts auf jeder Seite goldbraun – rund 3 Minuten pro Seite. Dann nehmen Sie die Koteletts aus den Pfannen und stellen sie warm.

Aus den Pfannen das überschüssige Fett abgießen und die Bratenrückstände in einer Pfanne zusammenmischen. Durch Erhitzen und Umrühren auflösen, Balsam-Essig, Wein und Rosmarinzweig zugeben. Wieder ungefähr 3 Minuten kochen lassen und mit Rindsfond aufgießen. Diese Sauce etwa um die Hälfte einreduzieren. Den Rosmarinzweig entfernen, die Sauce durch ein feines Sieb gießen und nochmals aufkochen lassen.
Dann die kalten Butterstücke einmischen und die Sauce damit binden.

Pfefferminze-Fisolen

Pfefferminze gehört zu den Kräutern, die im Garten richtiggehend wuchern. Deswegen kann man im Sommer jede Menge Gerichte damit kochen. Diese Minzefisolen sind auch gute Begleiter für Grillgerichte.

800 g frische grüne Fisolen
5 EL Olivenöl
1 Knoblauchzehe, in dünne Scheiben geschnitten
Saft von 1/2 Bio-Zitrone
4 EL Balsam-Essig
Meersalz
frisch gemahlener schwarzer Pfeffer
3 EL Pfefferminzblätter, gewaschen und grob gehackt

Die Fisolen putzen, d. h. die spitzen Enden abschneiden und waschen. In einem Topf 1/2 l Salzwasser zum Kochen bringen. Die Fisolen einlegen und garen. Das dauert rund 10 Minuten, sie sollen noch knackig sein. In der Zwischenzeit in einer beschichteten Pfanne mit 1 EL Öl die Knoblauchscheiben hellgelb anrösten. Die Fisolen abseihen und in einer Schüssel mit dem restlichen Olivenöl, Zitronensaft, Balsam-Essig, Salz, Pfeffer, gerösteten Knoblauchscheiben und der Pfefferminze vermischen. Lauwarm servieren.

Über die Schokolade

himmlisches Vergnügen

Ich bin verrückt nach Desserts – für mich sind sie der krönende Abschluss eines guten Essens. Manchmal gebe ich auch meiner leicht schrägen Angewohnheit nach, in Restaurants die Dessertkarte vor der Menukarte zu lesen. Ganz einfach, um die Freude auf ein grandioses Dessert so lange wie möglich auskosten zu können. Deshalb ist für mich auch jedes Festessen ohne süßen Höhepunkt undenkbar.

Schokolade spielt bei meinen Dessertvorlieben die absolute Hauptrolle. Ich liebe Schokolade – und zwar dunkle Schokolade mit hohem Kakaoanteil, deren fantastische Aromen am Gaumen explodieren, wenn man sie sanft auf der Zunge zergehen lässt.
Immer wieder habe ich die Erfahrung gemacht, dass ein Stück Schokolade an guten Tagen Muntermacher und an schlechten ein wahrer Trostspender sein kann.
Aber so wie ich mich nicht als Weinkennerin bezeichne, obwohl ich Weine liebe, behaupte ich auch nicht, eine Schokoladeexpertin zu sein. Was ich bin, ist eine große Liebhaberin der unendlichen Vielfalt der Aromen und Geschmacksnuancen. Ähnlich wie beim Wein ist es ein sinnliches, lustvolles Vergnügen, die Welt der Schokolade für sich zu entdecken und zu verstehen, warum diese Speise der Götter als einer der größten Schätze bezeichnet wird, der jemals entdeckt wurde. Ein Schatz, der mit seinem feinen Duft und intensiven Geschmack die Sinne betört.
Wenn Sie Lust darauf haben, in diese Welt einzutauchen, geben Sie dem Impuls nach, Sie werden es nicht bereuen. Da ich in Wien lebe, bin ich Stammkundin bei „Xocolat“, jenem Schokoladeparadies in der Passage des Palais Ferstel, in dem man rund 130 verschiedene Schokoladesorten erstehen kann.
Schokolade, gewonnen aus den unterschiedlichen Kakaobohnen der verschiedenen Anbaugebiete dieser Erde: von feinsten Milchschokoladen über Köstlichkeiten mit Karamell, Trüffel, Honig oder Nüssen gefüllt bis zu den dunkelsten Bitterschokoladen mit einem Kakaoanteil von 100 Prozent. Mit diesen Schokoladen lassen sich wahrhaft himmlische Desserts herstellen.

Schokoladen-Verführung

Mit diesem Schokoladendessert habe ich schon viele Herzen erobert. Ich habe es mir ausgedacht, weil ich die Kombination von gefrorener mit heißer und gebackener Schokolade unwiderstehlich finde. Es klingt aufwändiger als es ist. Sie können das Parfait und die Plätzchen bereits am Vortag zubereiten. Wenn die Gäste am Tisch sitzen, müssen Sie nur noch die Trinkschokolade heiß machen und die Desserts anrichten.

Schokoladeparfait

Nehmen Sie für dieses Parfait nur die beste Schokolade mit hohem Kakaoanteil, mindestens 75 Prozent. Die Aromen und die sanfte Bitterkeit der Schokolade harmonieren ganz ausgezeichnet mit dem zarten Orangengeschmack.

- 100 g dunkle Schokolade
- 4 Eidotter
- 4 EL Feinkristallzucker (ca. 60 g)
- 1 Pkg. Bourbon-Vanillezucker
- 2 EL Orangenlikör (Grand Marnier)
- 250 ml Schlagobers

Die Schokolade in grobe Stücke brechen und in einen kleinen Topf geben. Diesen auf einen größeren Topf stellen, der mit heißem Wasser gefüllt ist. Der Boden des Topfes darf das Wasser nicht berühren. Das Wasser erhitzen und die Schokolade vorsichtig schmelzen. Achtung: Sie darf nicht wärmer als 30 °C werden. Machen Sie die Fingerprobe – die Schokolade darf sich nicht heiß anfühlen.

In einer Schüssel Eidotter mit Feinkristallzucker und Vanillezucker aufschlagen, so dass die Masse dickflüssig und cremig gelb wird. Dann hintereinander Grand Marnier und Schokolade einrühren. Das Schlagobers schlagen und unter die Schokolademasse ziehen.

Eine Parfait- oder Terrinenform mit Klarsichtfolie auslegen, die Parfaitmasse einfüllen. Mit einem passenden Deckel oder Klarsichtfolie verschließen und für mindestens 6 Stunden ins Tiefkühlfach stellen.

Vor dem Servieren können Sie die Form ganz kurz in heißes Wasser tauchen, das Parfait lässt sich dann einfacher aus der Form stürzen.

Schokoladeplätzchen und heiße Schokolade

Für die Schokoladeplätzchen:

- 25 g dunkle Schokolade
- 60 g geschälte Mandeln, gerieben
- 110 g Kristallzucker
- 1 Pkg. Bourbon-Vanillezucker
- 1 Eiklar

Für die heiße Schokolade:

- Trinkschokolade laut Angabe auf der Packung
- 400 ml Milch
- 1/2 TL Kardamom
- eventuell 10 g Maisstärke

Das Backrohr auf 160 °C vorheizen. Die Schokolade wie oben vorsichtig schmelzen. In einer Schüssel die geriebenen Mandeln mit Zucker, Vanillezucker, Eiklar und der Schokolade verrühren. Falls der Teig zu weich ist, ca. 15 Minuten im Kühlschrank rasten lassen.

Dann mit einem Teelöffel kleine Plätzchen auf ein mit Backpapier ausgelegtes Backblech setzen. Lassen Sie genügend Abstand dazwischen, sie fließen sonst ineinander. Im Backrohr bei 160 °C rund 10 Minuten lang backen. Auskühlen lassen und dann vom Papier lösen.

Für die heiße Schokolade verwende ich Trinkschokolade aus Spanien von Enric Rovira. Sie enthält bereits Maisstärke, die sie dickflüssig macht. Nach Anleitung zubereiten, Kardamom zugeben und unter kräftigem Rühren einmal aufkochen. Bei normaler Trinkschokolade Maisstärke in 1/8 l Milch glatt rühren, die übrige Milch mit der Trinkschokolade und dem Kardamom aufkochen und die Maisstärke einrühren. Rund 1 Minute weiterkochen.

Beim Anrichten schneide ich das Parfait in Scheiben, stecke ein Plätzchen oben auf und stelle ein kleines Glas mit heißer Kardamomschokolade auf den Teller.

Orangensüppchen mit Schokolademousse

Ein Rezept für Wintertage, wenn es Bio-Orangen in den Supermärkten gibt, deren Schalen man verwenden kann. Das Orangenaroma harmoniert wunderbar mit der dunklen, bitteren Schokolade. Auch dieses Dessert eignet sich für große Festessen, weil alles vorbereitet werden kann und Sie es kurz vor dem Servieren nur noch anrichten müssen.

8 gr. Orangen
30 g Maisstärke
3 EL Rohrzucker
2 Sternanis
1 Schuss Orangenlikör (Grand Marnier)

Zuerst 4 Orangen filetieren. Dazu schneiden Sie die Orangen oben und unten flach ab. Orangen auf ein Brett stellen und mit einem sehr scharfen Messer die Schale von oben nach unten mitsamt der bitteren weißen Innenhaut abschneiden. Dann lösen sie die Filets zwischen den weißen Innenhäutchen aus der Frucht.
Die Filets auf vorbereiteten Teller sternförmig auflegen.
Von einer $^1/_2$ Orange mit einem Zestenreißer oder mit einem scharfen Messer die Schale (ohne weiße Innenhaut) in sehr dünne Fäden schneiden. Dann die restlichen Orangen auspressen – es sollte ungefähr $^3/_8$ l Saft entstehen. In $^1/_8$ l dieses Safts die Maisstärke glatt rühren. Den verbliebenen Saft gemeinsam mit dem Rohrzucker, dem Sternanis und dem Grand Marnier aufkochen. Wenn er kocht, die glatt gerührte Stärke einmischen und rund 1 Minute weiterkochen.
Das Orangensüppchen über die aufgelegten Orangenfilets gießen und erkalten lassen.

Schokolademousse

Bei diesem Rezept ist natürlich wieder einmal das Wichtigste die Schokolade. Nehmen Sie dunkle Schokolade mit einem möglichst hohen Kakaoanteil, mindestens 60 Prozent.

125 g Schokolade
3 Eier, getrennt in Eidotter und Eiklar
80 g Staubzucker
1 Pkg. Bourbon-Vanillezucker
$^1/_4$ l Schlagobers

Die Schokolade in einen Topf geben, diesen auf einen anderen Topf mit heißem Wasser setzen. Achtung: Der Boden darf das Wasser nicht berühren. Nun die Schokolade schmelzen, sie darf nicht wärmer als 30 °C werden.
In einer Rührschüssel die Eidotter mit dem Zucker und Vanillezucker schaumig schlagen. Dann die geschmolzene Schokolade einrühren.
Schlagobers fest schlagen und Eiklar zu einem steifen Schnee schlagen. Beides sehr vorsichtig unter die Schokolademasse ziehen. Mindestens 4 Stunden lang im Kühlschrank durchkühlen lassen.
Mit einem Löffel, den Sie vorher in kaltes Wasser tauchen, Nocken aus der Mousse stechen und in die Mitte der Orangensüppchen setzen.

Schokoladentorte

Als Kind war für mich mein Geburtstag ein Tag, den ich jedes Jahr kaum erwarten konnte. Das habe ich meiner Mutter zu verdanken. Sie hat aus unseren Geburtstagen große Festtage gemacht – mit vielen Freunden, Geschenken und natürlich unseren Lieblingsspeisen. Die Schokoladentorte meiner Mutter war über viele Jahre meine liebste Geburtstagstorte. Heute hat sie mein Jüngster zu seiner Lieblingstorte auserkoren und ich schätze sie besonders, weil sie sich schnell zubereiten lässt und herrlich saftig bleibt. Sie sollten Sie 1 Tag stehen lassen, denn dann schmeckt sie doppelt so gut.

150 g dunkle Schokolade mit einem Kakaoanteil von mindestens 60 Prozent
6 Eier
150 g zimmerwarme Butter
150 g Staubzucker
Salz
70 g Semmelbrösel
½ Pkg. Weinstein-Backpulver
Butter und Brösel für die Form
gute Marillenmarmelade
200 g dunkle Kuvertüre

Das Backrohr auf 180 °C vorheizen.
In einem Topf die in Stücke gebrochene Schokolade wie bei „Schokoladeparfait" auf Seite 126 vorsichtig schmelzen.
Die Eier in Eidotter und Eiklar trennen.
In der Küchenmaschine oder einer Schüssel die zimmerwarme Butter mit dem Staubzucker schaumig rühren.
Die geschmolzene Schokolade – sie darf wirklich nicht zu warm sein – einrühren. Dann geben Sie die Eidotter einzeln in die Masse und rühren ständig weiter.
Das Eiklar mit einer Prise Salz steif schlagen und gemeinsam mit den Bröseln, die mit dem Backpulver versiebt werden, unterziehen.
Eine Torten-Springform mit dem Durchmesser von 26 cm mit Butter bestreichen und bebröseln. Die Masse einfüllen und rund 1 Stunde lang backen.
Herausnehmen, die Springform lösen, die Torte auf ein mit Kristallzucker bestreutes Papier umdrehen und erkalten lassen.
Die Torte rundherum mit Marillenmarmelade überziehen.
Die Kuvertüre schmelzen, über die Torte gießen und die Ränder glatt streichen.

Nehmen Sie wirklich nur die beste Marmelade. Bei dieser Torte geht es auch um die Geschmackskombination von Schokolade und Marillenaroma, und nicht darum, noch eine süße Schicht darauf zu pappen.

Maronitorte

Kastanien sind in jeder Zubereitung ein Gedicht. Gleich ob ganz einfach gebraten am Maronistand, als Füllung oder Beilage zu Wildgerichten, eingelegt in Hochprozentiges oder zu süßen Köstlichkeiten verkocht. Da wir in der Familie mehrere Geburtstage im Herbst feiern, ist diese Kastanientorte mittlerweile zum Klassiker avanciert.

Für den Kakaobiskuit:
(à la Zauner-Kochbuch)

110 g Mehl
30 g Kakao mit einem Kakaoanteil von mind. 60 Prozent
55 g Milch
55 g Maiskeimöl
5 Eier
180 g Feinkristallzucker
1 Pkg. Bourbon-Vanillezucker
1 Prise Salz
Butter und Mehl für die Form

5 Pkg. tiefgefrorenes Maronipüree oder Maronireis aus der Dose (à 125 g)
120 g Staubzucker
3 EL brauner Rum
1 Pkg. Bourbon-Vanillezucker
2 Becher Schlagobers (à 250 ml)
1 Glas Weichselkompott (à 700 ml)

Backrohr auf 180 °C vorheizen.
Zuerst für den Kakaobiskuit das Mehl gemeinsam mit dem Kakao in eine Schüssel sieben. In einem kleinen Topf erwärmen Sie die Milch gemeinsam mit dem Öl. Achtung: nicht zu heiß, machen Sie wieder die Fingerprobe, es darf maximal 40 °C haben.
Die Eier mit dem Zucker, dem Vanillezucker und Salz schaumig rühren. Die Mehl-Kakao-Mischung einrühren und in diese Masse abschließend noch die Milch-Öl-Mischung einarbeiten.
Eine Tortenform mit einem Durchmesser von 26 cm mit Butter einstreichen, mit Mehl bestreuen und die Masse einfüllen. Glatt streichen und rund 40 Minuten lang backen.
Die Springform noch heiß lösen, die Torte auf ein mit Zucker bestreutes Papier umdrehen und erkalten lassen.
Für die Maronifülle den Maronireis auftauen lassen, mit gesiebtem Zucker, Rum und Vanillezucker vermischen.
1 Becher Schlagobers steif schlagen und mit 400 g der Maronimasse vermischen.
Das Weichselkompott in ein Sieb leeren, abtropfen lassen und dabei den Saft auffangen.
Den Tortenboden einmal quer durchschneiden. Eine Hälfte mit 5 EL Saft des Weichselkompotts tränken und mit den abgetropften Weichseln belegen. Dann mit der Maronifülle bestreichen, den zweiten Teil des Tortenbodens aufsetzen.
Den zweiten Becher Schlagobers steif schlagen (Sie können 2 EL Staubzucker mitschlagen, das hängt davon ab, wie süß Sie Torten gerne essen – ich esse sie lieber weniger süß) und die Torte damit überziehen.
Die zweite Hälfte des Maronireises in eine Erdäpfelpresse oder ein Püriersieb oder eine Flotte Lotte füllen und auf die Torte passieren.

Ich garniere die Torte gerne mit kandierten Maroni, die in Brandy, Grappa oder Armagnac eingelegt sind. Man bekommt sie in vielen Feinkostläden.

Erdbeeren mit Zitronenverbene und schwarzem Pfeffer

Wieder einmal ein Rezept, das beweist, dass man nicht stundenlang in der Küche stehen muss, um Gäste mit einem ungewöhnlichen Dessert zu überraschen. Ich mache Erdbeerdesserts ausschließlich dann, wenn die heimischen Früchte vollreif und süß duftend auf den Markt kommen. „Frau Mieze Schindler" ist meine Favoritin – eine Erdbeere, die außergewöhnlich aromatisch ist. Wenn Sie einen Garten haben, dann versuchen Sie einmal sie anzupflanzen. Die Jungpflanzen bekommt man mittlerweile auch schon in großen Gartencentern.
Als Gewürz verwende ich frische Zitronenverbene. Auch sie lässt sich im Garten oder auf einer Terrasse gut kultivieren. Sie duftet erfrischend zart und sehr rein nach Zitronen. Sie stammt aus Südamerika und war noch vor 100 Jahren in Europa eine beliebte Zierpflanze. In der Zwischenzeit ist sie, so wie vieles, beinahe in Vergessenheit geraten. Mit Zitronenverbene lassen sich gerade Süßspeisen großartig aromatisieren.
Wenn Sie keine Zitronenverbene haben, dann können Sie Zitronenmelisse als Ersatz nehmen – oder ganz einfach frisches Basilikum. Ich muss aber zugeben, dass es sich bei beiden Varianten natürlich um Notlösungen handelt.

1 kg Erdbeeren, geputzt, gewaschen und halbiert
4 EL Staubzucker
Saft von 1/2 Zitrone
4 EL Balsam-Essig
3 EL Zitronenverbeneblätter, gewaschen und klein geschnitten
frisch gemahlener schwarzer Pfeffer

Die Erdbeeren mit Staubzucker, Zitronensaft, dem Balsam-Essig und der Zitronenverbene vorsichtig mischen. 30 Minuten lang durchziehen lassen. Dann mit schwarzem Pfeffer bestreuen, in Schälchen aufteilen und servieren.

Gefrorenes von Ricotta und Limetten

Glauben Sie mir, es zahlt sich aus, Eis selbst zu machen. Natürlich gibt es wunderbare Eissalons, wo man gutes Eis kaufen kann. Aber selbst gemachtes Eis beflügelt die Phantasie. Wenn Sie einmal damit begonnen haben, werden Sie vielleicht, so wie ich, süchtig danach, ständig neue Kompositionen auszuprobieren. Mit einer simplen Eismaschine, die es in jeder Haushaltswarenabteilung gibt, ist die Eiszubereitung auch alles andere als ein großer Aufwand. Wenn Sie Gäste haben, bereiten Sie die Grundmischung vor und wenn Sie dann beim Hauptgang angelangt sind, gießen Sie alles in die Maschine. In rund 30 Minuten ist das Eis fertig gerührt und Sie haben ein perfektes Dessert.
Jede Eismaschine hat ein Rezeptbuch beigelegt, die Mengenangaben orientieren sich natürlich am jeweiligen Produkt. Für mein Ricotta-Limetteneis wandle ich ganz einfach eines der Rezepte ab, ersetze Joghurt oder Topfen durch frischen Ricotta und aromatisiere mit der Schale einer frisch geriebenen Limette.
Wenn Sie keine Eismaschine haben und sich auch keine zulegen wollen, dann könnten Sie ein Ricotta-Limetten-Parfait versuchen.

1 Becher Ricotta (à 250 g)
Saft von 2 Limetten
geriebene Schale von 1 Limette
150 g Staubzucker
300 ml Schlagobers

In einer Schüssel den Ricotta mit Limettensaft, der geriebenen Limettenschale und dem Staubzucker verrühren. Schlagobers steif schlagen und vorsichtig unterheben. Eine Parfait- oder Terrinenform mit Klarsichtfolie auslegen, die Masse einfüllen, mit einem passenden Deckel oder mit Klarsichtfolie verschließen. Für mindestens 6 Stunden ins Gefrierfach stellen. Vor dem Servieren die Form kurz in heißes Wasser tauchen, damit sich das Parfait leichter aus der Form löst.

Am besten wird das Eis, wenn Sie statt der herkömmlichen Limettenschale die Schale einer Kaffirlimette abreiben. Die Kaffirlimette kommt aus Südostasien und hat eine runzelige Schale. Ihr Aroma ist wesentlich intensiver als das der Limette. Sie bekommen Kaffirlimetten in Asia-Shops.

Ja! Natürlich Ja zum Genuss!

Zur Liebe zum Kochen gehört auch die Leidenschaft für hochwertige Lebensmittel. Bei Bio-Produkten kann man einfach sicher sein, dass man Gaumen und Körper etwas Gutes tut. Sie schmecken hervorragend und sind besonders gehaltvoll und nährstoffreich. Gesunde Ernährung muss nicht aufwändig, eintönig oder teuer sein. Von Ja! Natürlich gibt es über 600 Bio-Produkte zu leistbaren Preisen, die Sie bequem im Supermarkt kaufen können: Fleisch, Milch und Käse, Eier, Mehl, frisches Obst, knackiges Gemüse und mehr. Alle Ja! Natürlich-Produkte stammen aus rein biologischer Landwirtschaft, sind zu 100% gentechnikfrei, streng kontrolliert und ihre Herkunft ist klar nachprüfbar. Das gibt Sicherheit und schmeckt.

Biologische Lebensmittel sind die moderne Grundlage für besten, unverfälschten Geschmack und unverzichtbarer Bestandteil vieler köstlicher Rezepte. Der Griff zu Bio-Produkten ist ein deutliches Ja zu Genuss, Lebensfreude und zum Spaß am Kochen. Egal, ob schnelles Gemüsegericht, Festessen mit Braten oder herrliche Mehlspeise – mit biologischen Lebensmitteln ist es ganz einfach, sich gut und gesund zu ernähren. Wichtig ist nur die Ausgewogenheit: Die Ja! Natürlich-Philosophie geht davon aus, dass das, was natürlich aufwuchs und gedieh, in vernünftigen Maßen genossen, der Gesundheit und dem körperlichen Wohlbefinden zuträglich ist.

Ja! Natürlich-Milch und -Milchprodukte kommen von gesunden Kühen aus der Salzburger Nationalparkregion Hohe Tauern. Die Bio-Milch wird täglich frisch vom Bauern, getrennt von der konventionellen Milch, abgeholt und von der Molkerei vor Ort übernommen. Alle Ja! Natürlich-Milchprodukte sind frei von Aromazusätzen, Verdickungsmitteln, Farbstoffen, Gelatine und Konservierungsmitteln. In der ökologisch intakten Umgebung genießen die Tiere im Jahr rund 200 Tage im Freien. Bei ausreichend Bewegungsfreiheit, Tageslicht und einem trockenen Liegeplatz mit griffigem Boden fühlen sie sich wohl und fressen verschiedene Gräser und Kräuter. Das macht die Bio-Milch mit hochwertigem Eiweiß, vielen Vitaminen und viel Kalzium so gesund und so gut.

Ja! Natürlich-Käse schmeckt ganz besonders köstlich – kein Wunder, er kommt auch von der besten Milch und wird nur nach ausgewählten Rezepturen produziert. Natürliche Zutaten, sorgfältige Reifung sowie die in der Molkerei räumlich und zeitlich von der konventionellen Ware getrennte Verarbeitung garantieren den besonderen Geschmack der vielen verschiedenen Käsesorten.

Bio-Fleisch und -Wurst von Ja! Natürlich stammen ausschließlich von Tieren aus Österreich, die in einer artgerechten Umgebung aufwachsen. Dazu gehören viel Bewegung, Luft und Licht sowie intensive Fürsorge und persönliche Betreuung. Bio-Fleisch enthält wenig Cholesterin, kaum Fett und Kalorien, dafür viele Nährstoffe und ist besonders zart und geschmackvoll. Die Ja! Natürlich-Richtlinien für Fleisch und Wurst sind streng: ein klares Nein zu Massentierhaltung, 100% biologisches, gentechnikfreies Futter, keine Geschmacksverstärker, keine künstlichen Farbstoffe, keine leistungsfördernden Hormone und auch keine anderen chemischen Zusätze. Ein eindeutiger Herkunftsnachweis, strenge tierärztliche Kontrollen und eine Stress reduzierte Schlachtung garantieren beste Qualität.

Bio-Eier haben einen besonders köstlichen, gehaltvollen Dotter. Bei den Ja! Natürlich-Eiern stimmt einfach alles: Die Hennen bekommen nur biologisches, gentechnikfreies Futter, die Tiere werden mit genügend Auslauf und Bewegungsfreiheit artgerecht gehalten und die Eier sorgfältig abgepackt. Unabhängige Prüfstellen kontrollieren vom Saatgut für das Futtergetreide über die Abpackstelle bis zum Regal die Einhaltung der Bio-Richtlinien. Rund 80 ausgewählte österreichische Bio-Bauern liefern die Ja! Natürlich-Eier, noch am Hof werden die Eier mit einem Herkunftsnachweis versehen, dann zweimal pro Woche nach Schlierbach in Österreichs modernste reine Bio-Packstelle gebracht und mit dem Ablaufdatum gekennzeichnet. Dabei wird die 28-tägige Ablauffrist ab dem Lege- und nicht ab dem Abpackdatum berechnet. So ist absolute Frische garantiert.

Bio-Mehl von Ja! Natürlich stammt aus rein biologischer Landwirtschaft aus dem Waldviertel, dem Weinviertel und dem Burgenland. Es enthält nur das Beste aus der Natur: Vitamine, Mineralstoffe und Ballaststoffe. Größte Sorgfalt, strenge Kontrollen und beste Bio-Qualität bestimmen die Produktion – von der Auswahl des gentechnikfreien Saatgutes über den vollständigen Verzicht auf chemisch-synthetische Dünge- und Spritzmittel bis zur schonenden Vermahlung in der Biomühle Hans Hofer im niederösterreichischen Lichtenwörth. Jede Mehlsorte von Ja! Natürlich hat ihre besonderen Qualitäten: Universales und glattes Weizenmehl eignen sich für leichte Mehlspeisen. Herzhafte Kekse und Kuchen rührt man am besten mit Weizen- oder nussigem Dinkelvollkornmehl an. Das dunkle Roggenvollmehl macht Lebkuchen saftig und gehaltvoll.

Bio-Obst und -Gemüse hat bei den Ja! Natürlich-Bio-Bauern genügend Zeit, um unter der Sonne sein volles Aroma zu entwickeln. Voraussetzung für wirklich gute Karotten, Paradeiser, Äpfel & Co. sind gesunde Böden, die in der biologischen Landwirtschaft mittels Fruchtfolge, Gründüngung und mechanischer Unkrautbekämpfung fruchtbar, speicherfähig und resistent gegen Schädlinge sind. Die Felder werden weder chemisch-synthetisch gedüngt noch gespritzt, sondern organisch gedüngt – am burgenländischen Csardahof zum Beispiel mit dem Mist vom eigenen Hof. Der langjährige Ja! Natürlich-Partner für Paradeiser, Zucchini, Radieschen und anderes Gemüse ist einer der größten Bio-Betriebe Europas und ein Musterbeispiel für echte Kreislaufwirtschaft. So entsteht in den Pflanzen jener Reichtum an Vitalstoffen – Vitaminen, Mineralstoffen und sekundären Pflanzenstoffen –, der die Bio-Produkte von Ja! Natürlich auszeichnet. Das Saatgut für Obst, Gemüse, Erdäpfel und Kräuter muss biologischer Herkunft und darf nicht genmanipuliert sein. Bio-Obst und -Gemüse sind frei von Pestiziden, sind weit weniger mit Schadstoffen belastet, als ihre konventionellen Verwandten, und schmecken einfach besser, weil sie unter den besten Voraussetzungen genügend Zeit zum Reifen haben. Dafür nehmen die Bio-Bauern gern geringere Erträge in Kauf. Und weil zur Vielfalt auch Avocados, Zitronen, Orangen, Bananen, Kiwis und Melonen gehören, pflegt Ja! Natürlich langfristige Partnerschaften mit Bio-Bauern und Kooperativen im Ausland. Fair Trade und strengste Kontrollen nach österreichischen Standards sind dabei selbstverständlich. Denn es zahlt sich aus, beim Kochen auf biologische Lebensmittel zu setzen. Man schmeckt den Unterschied.

Rezepte Register

In Erinnerung an meine Mutter

Ich danke Christian Grünwald, der an mich geglaubt hat, und einem
großartigen Frauenteam, das mir bei der Entstehung dieses Kochbuchs geholfen hat.
Luzia Ellert für ihre Sicht der Dinge, Gabi Halper für ihre Profi-Kochtipps, Julia Selitsch für ihren Einfallsreichtum,
Uschka Jeschko für ihre Kreativität und Uschi Korda für ihre Geduld und all ihre aufmunternden Worte.

Meinem Mann und meinen Kindern danke ich dafür, dass sie immer für mich da sind – auch beim Essen und Genießen.